U0331476

重新定义
京东

京东管理法

考拉看看　著

化学工业出版社
·北京·

内容简介

为什么是京东？为什么京东能快速转变？过去的京东从何而来？未来京东将去何处？"重新定义京东"系列三部作品将为读者呈现京东创新、增长和管理之法，系统、全面地分享京东成长发展的启示意义。

本书阐述了京东"以人为本"的管理重点，揭示了京东降本增效的管理秘诀，并创新凝炼出京东"从狼群到蜂群"的管理风格演变。通过价值观管理、组织管理、干部管理、人才管理四大板块进一步揭开京东的管理密码。通过阅读本书，读者可以学习京东的管理逻辑，在团队建设、人才培养等方面获得启发。

图书在版编目（CIP）数据

京东管理法 / 考拉看看著 . -- 北京：化学工业出版社，2024.3

（重新定义京东）

ISBN 978-7-122-44801-9

Ⅰ. ①京… Ⅱ. ①考… Ⅲ. ①电子商务 - 商业企业管理 - 经验 - 中国 Ⅳ. ① F724.6

中国国家版本馆 CIP 数据核字（2024）第 041719 号

责任编辑：万忻欣　　　　　　　　文字编辑：林　丹　陈　雨
责任校对：田睿涵　　　　　　　　装帧设计：王晓宇

出版发行：化学工业出版社
　　　　　（北京市东城区青年湖南街 13 号　邮政编码 100011）
印　　装：河北鑫兆源印刷有限公司
880mm×1230mm　1/32　印张 8　字数 173 千字
2024 年 9 月北京第 1 版第 1 次印刷

购书咨询：010-64518888　　　　　售后服务：010-64518899
网　　址：http://www.cip.com.cn
凡购买本书，如有缺损质量问题，本社销售中心负责调换。

定　　价：68.00 元

前言
PREFACE

  2021年，京东交出了一份出色的成绩单：《财富》世界500强排名跃升至59位；"福布斯全球最佳雇主榜"中国企业前三；京东"6·18"销售额创3438亿元的纪录；京东"双11"累计下单金额超3491亿元；京东乡村振兴"奔富计划"从2020年10月到2021年8月，实现2200亿产值；建成12座"亚洲一号"光伏发电系统，即将建成国内首批碳中和园区……❶

  现在的京东正在完成企业史上的第二个闭环。从1个人到近40万人，从一市一柜台到全球万千网点，京东正在向"成为全球最值得信赖的企业"的美好愿景步步迈进。作为中国民营企业员工人数最多的企业，京

---

❶ 京东黑板报. 请查收，"我"的年终述职报告 [EB/OL].（2021-12-30）. https://mp. weixin.qq.com/s/ipUhG02wKlnRQ-fqKX7yoA.

东如何让庞大的队伍做到有序、高效工作？从初创到成熟，企业在不同阶段需要怎样的组织变革？本书揭开了京东的管理密码。

创始人基因

卓越的企业都有成功的管理之道，京东也不例外。1998年，春节刚刚过去不久，骨子里沸腾着创业热血的刘强东跃跃欲试，开启了他人生中的第二次创业之路。第一次创业虽然以背负16万元巨债而惨淡告终，但是也给刘强东留下了宝贵的经验，使他意识到管理对于一家企业生存、发展的重要意义。

为进一步认识什么是管理，刘强东毕业后进入一家日企工作。这家企业的管理方式精细到甚至有些苛刻，使刘强东受到很大触动。经过一年多的深入实践，刘强东渐渐触摸到管理的核心，进而掌握了管理的密码。

京东是刘强东管理的杰出作品。回看公司来时之路，刘强东在前半程就像一位处变不惊、指挥有方的船长，驾驶着并不十分坚固的船只在波涛汹涌的海面上一往无前、乘风破浪。对于一家初创企业而言，创始人的管理风格和管理水平非常关键。纵观国内外著名企业（如苹果、谷歌、腾讯、阿里巴巴等）的管理特点，无不留有创始人的鲜明烙印。

作为京东的创始人，刘强东在话语权上表现出绝对的强势。无论是2001年放弃代理商模式、坚持零售商转型，还是2004年果断关闭实体店、全力投身电商，抑或是2009年力排众议、强势涉足日用百货领域……京东前期的数次重大转型决策，都表现出刘强东"专制"的一面。

在创业期，团队相对弱小，最高领导者对权力的掌控和"专制"很有必要。高度集权能够发挥强大作用，使整个组织核心明确，进而锻造出超强的执行力和战斗力，为企业嵌入果敢、无畏、拼搏的创始人基因。

变革与创新

管理需要与时俱进。当企业发展到成长期，"个人英雄"已不再与这一阶段的企业管理需求适配。为构建可持续发展的良好生态，企业需要群策群力，借助群体智慧朝多元化的美好明天迈进。

因此，人才与组织作为企业内部管理的核心，成为京东管理变革与创新的重要窗口。

人才是京东最宝贵的财产。2007年第一批职业经理人的引入是京东群体智慧多元化的开端，内部的业务、资源、能力的管理者与熟悉市场需求、行业走向、技术演变的专业管理者相结合，让京东从游击队向着正规军转变。自此，京东的人才培养机制开始趋于完善。从国内、国际管培生的养成，到严格落实继任者、大胆提拔内部员工，再到核心管理人才的轮岗轮训等创新人才机制，让京东的"鹰群"逐渐壮大，群体效应愈发明显。

"制胜未来，组织先行"是京东对组织的重视。在职业经理人陆续进入京东后，公司也开启变革组织架构的历程，为公司群策群力提供了组织保障。

2013年，京东将集团组织架构改为事业部制，让每个事业部都有独立的研发、销售等职能，激发了员工的创造性。通过集团层面的"一拆四"，京东步入了事业部与子集团（公司）协同发展的组织道路，进入较为独立的组织发展环境。通过变革创新，京东在组织上不断朝着专业化进军，京东商城、京东金融、京东物流等子集团逐渐发展壮大。

2017年，面对即将到来的乌卡（VUCA）时代，京东确立"无界零售"战略，向零售基础设施提供商积极转型，开始了新一轮组织架构调整——向积木化组织转型。2018年京东商城为转型，对组织架构进行了三次重大调整。第一次将原有事业部归类升级为三大事业群；第二次按照业务逻辑，将现有机构整合为七大虚拟板块；第三次为确立前台、中台、后台架构。由此而成的积木式组织架构能够适配于分散化、碎片化的零售场景，以及不稳定、不确定的业态环境。经过拆解、重组后形成的积木型组织，在管理上更加灵活，能够快速响应并满足消费者的个性化需求，从而在复杂多变的市场环境中具备更强大的核心竞争力。

组织的变革、人才的培养是京东在管理上进阶的见证，在此机制下，每一位京东人都能在其中各施所长，增强了京东在市场上的核心竞争力。

文化与制度

京东管理者巧妙运用文化和制度这两个有力的管理工具，使近40万员工步伐整齐地朝着同一个目标坚定前行。

要加入京东，先要有"京东范儿"。无论是什么样的优秀人才，只有价值观符合要求，才能拥有京东的敲门砖。价值观是京东进行文化管理的第一道门槛，也是最为核心的准绳。从公司成立之初，价值观就在潜移默化中灌注到血脉之中，镌刻进基因之上，所以在京东的发展历程中，无论外界环境如何变化，京东人始终不改初心、愈挫愈勇。

当然，除了软性的文化管理，企业还需要硬性的制度管理。《孟子·离娄上》中有言："不以规矩，不能成方圆。"这句话放到企业管理上同样适用。文化虽然能够在悄无声息间影响员工的行为，在某种程度上甚至能够发挥其他管理手段起不到的作用，但是管理者如果过于依赖员工的自觉性，就会使管理体系的稳定性受到影响。

个体的认知存在差异，对目标的认同感和实现目标的路径也有所区别。同样，一个组织也不可能永远不吸纳新鲜血液。对于京东这样急速扩张中的企业而言，在长期的航行中，老员工的航向可能发生偏移，新员工进入公司后，学习并贯彻已有的企业文化也需要一定的时间，所以制定完善制度的重要性得以凸显。

制度与文化互为补充：一方面，能够通过有形的规章、指标、条例等规范员工的行为；另一方面，被员工接受并长期践行的制度，自然而然会成为一种文化。

考拉看看头部企业研究中心历时近半年，对京东的管理密码进行了集中破译，并结合多年研究经验精心写作了这部《京东管理法》。

全书共分为五章。第一章解读京东如何管理近40万人的庞大员工队伍，并揭开京东崛起的管理密码，即降本增效，以及京东初创期和成长期管理风格的转变。第二章集中论述京东核心价值观的诞生和演变历程，并向读者展示其如何深入人心，对企业发展产生深远影响。第三章详细展示了京东组织架构的历次变革，挖掘出其向简单、高效步步迈进的特性。第四章重点分析了京东领导者在决策力、时间力和情绪力上的突出特点，正是这些特点，使京东在顶层设计方面积蓄了强大的能量。第五章全面剖析了京东在人才观方面的显著特色，并从育人、用人和留人的角度梳理了京东的人才机制。京东独特的人才培养体系，为其持续发展注入了源源不断的活力，形成了最为强劲的底部推力。

考拉看看

目 录
CONTENTS

第一章
京东的管理逻辑

第二章
四十万人的共识

第三章
超级链接

第四章
领导"三力"

第五章
金子和铁锈

第一章

京东的管理逻辑

截至2021年6月30日，京东体系上市公司及非上市公司员工已有近40万人，位居民营企业前列。作为体量庞大的民营上市公司，京东的管理方式备受外界关注。管理的核心是管人，以此为切入点挖掘京东财富增长的密码，不难发现其是通过管理实现降本增效。在发展中，管理风格发生了由"狼群式"向"蜂群式"转变。

第一节
管理就是管人

管理的核心是管人，京东与其他民营企业相比，在员工数量和结构上有显著特点，即有一半以上的员工是自有配送人员。这些员工广泛地分布在全国各地，大多数甚至没有去过京东总部，但他们用实际行动践行着京东的价值观。京东在管理上的显著特色，是用文化统一员工的思想，用制度规范员工的行为，这也是京东的管理逻辑之一。

⊙ 从树苗到森林

1998年，与亚洲金融危机相伴而来的是互联网经济的飞速发展，网易、雅虎、搜狐等门户网站一度成为新价值的创造点。与此同时，一家在未来成为中国以供应链为基础的技术与服务企业，也在北京的中关村诞生。

这一年，刘强东在中关村的海开市场内租了一个小柜台批发多媒体设备，拉开了创业的序幕。由于受到资源、客户、渠道等多种限制，刘强东经常一人拿着宣传单站在市场人流量最大的地方招揽生意。在开业的第21天，他终于谈成第一笔交易，生意渐有起色。在营业的第4个月，他感觉人手不足，为此招聘了京东最早的两个员工，即韩景辉与张奇。

2001年，随着业务发展，京东的员工已增至十七八个。刘强东特意在北大资源西楼租了几间房间当作办公室，公司蒸蒸日上的发展态势，让员工充满希望。这一年，京东与同行打了一场价格战，作为胜利的一方，刘强东并未沾沾自喜，而是开始反思批发模式的被动性：上游依赖厂商，下游无法接触到终端客户，创造价值不高。于是，他萌发了从批发转型为零售的想法，与员工交流转型事项，开始着手第一次转型。

就这样，刘强东带着十几位员工成功转型为零售商，开启了连锁经营模式。到2003年，中关村所有电脑城都有了京东门店的身影。此时，国美、苏宁等实体零售店发展得如火如荼，京东也有对标两大巨头，进一步"跑马圈地"的打算。

然而，"非典"的袭来让刘强东有了二次转型的想法。

彼时，疫情的侵扰让整个零售业陷入"寒冬"，不仅库房里的货卖不出去，而且不到一个月，电子产品就跌价30%。同时，京东还需要负担高昂的门店租金与员工的薪水。刘强东意识到，如果不采取措施，半年后公司可能就会倒闭。

为扭转危局，京东开始借助网络渠道售卖产品，并取得较为理想的销售成绩。尽管疫情对公司的冲击只持续了一个多月，线下的经营也已恢复如初，但刘强东从这次危机中看到了京东未来的一种新的可能。与实体店相比，电商的成本更低、客户群体更广，而且线上经营能够记住客户的需求和喜好，更易于控制库存。于是，刘强东决定全面停止线下销售，将京东"搬"到线上。

一些员工不认同他的决策，纷纷递交辞职信，30多人走了20%，其中不乏老员工。2005年，京东在"阵痛"中完成转型，创立7年，员工人数仍然没能突破百人大关。

站在当下回溯，京东的出色成绩证明了当初全面转型线上的正确性。在互联网浪潮的推动下，京东顺势而为，从线上售卖3C产品，到扩充线上销售品类，再到自建仓配体系，每一步的背后都是数量日益增长的员工在全力推动。京东业务链的扩大，让公司迎来员工数量的"爆炸式"增长。

2009年年初，京东员工约有1000名，当年年底，员工人数就翻了一番。2010年，员工人数由年初的2000多人增至7000多人。2011年，京东仅一年就招收了15000多名员工，刷新了京东历年招聘人数的纪录。2014年，京东员工人数突破7万人，成千上万个家庭得以因京东而连接。❶

从树苗到森林，京东的发展呈现迅猛之势。2018年，京东员工达到18万名。一年之后，截至2019年12月31日，京东已有超过22万名正式员工。❷

---

❶ 李志刚. 创京东——刘强东亲述创业之路 [M]. 北京：中信出版社，2015.

❷ 第一财经. 京东交出2019成绩单：新增用户多来自下沉市场，物流等服务收入增加 [EB/OL].（2020-03-02）. https://baijiahao.baidu.com/s?id=16600653570 86354591&wfr=spider&for=pc.

据京东集团发布的2021年第二季度财报，截至6月30日，京东体系上市公司及非上市公司员工总数接近40万名，与2020年同期相比，增加近12万人，❶成为中国民营企业员工人数最多的企业。❷

刘强东在演讲中曾用一句话描述全国各地的京东人占比有多高——如果我在中国的北京、上海、广州，任何一个城市的大街小巷喊一句"有没有京东人"，一定会有人站出来。❸从一株树苗成长为森林需要漫长的时间，而森林一旦形成，其规模将急速扩张。如今，京东的员工森林雏形初具，未来将随着京东业务的增长向世界蔓延。

⊙ 自有配送人员50%+

2007年，国内物流的基础与配套设施等建设还相对落后，不仅缺乏组织化水平与经营集约化程度高的物流企业，社会物流监管也存在漏洞，导致物流成本居高不下，服务质量与效率也大打折扣。而作为电商企业的京东，必须经过物流环节才能将商品送至消费者手中。受国内物流发展现状的影响，处于供应链上的京东经常受到客户的抱怨，发展严重受阻。

❶ 中国新闻网．京东集团发布2021年二季报 员工总数已近40万人[EB/OL]．（2021-08-24）．https://baijiahao.baidu.com/s?id=1708943312066511377&wfr=spider&for=pc.

❷ 央广网．2021中国民营企业500强发布 京东成为员工人数最多的民营企业[EB/OL]．（2021-09-25）．https://baijiahao.baidu.com/s?id=1711847222415523816&wfr=spider&for=pc.

❸ 新浪科技．京东年会：刘强东豪言目标收入万亿 成最大民企[EB/OL]．（2015-01-17）．https://tech.sina.com.cn/i/2015-01-17/doc-ichmifpx4499582.shtml.

这一年，京东为了改善国内物流运行环境、提升服务质量、实现降本增效，决定自建物流体系。发展至今，物流能力已成为京东最强大的竞争力之一，突破了传统意义上简单的运输与仓储服务，创新性地攻克了"最后一公里"的难题。

京东物流能够取得现有成就，离不开大量人力与资金的推动。2016年，刘强东在访谈节目中表示京东有70%的员工来自物流体系，而如此密集的劳动力的形成过程，也是京东物流发展的印记。

构建物流体系的开始，京东物流中心规模并不大，整个华北区仅有1200平方米，人员也不够多，华东大区亦如此。2007年4月，京东正式设立华南区，不仅靠最初的13名员工建起了2000多平方米的库房，还逐步建立起在华南的第一个配送站和配送队伍。几个月后，为满足日益增长的业务需求，京东加密华南网点布局，陆续又在深圳等地建立起配送站点，物流队伍不断壮大。

在之后的几年里，京东接连建立起西南、华中、东北、西北等大区，逐步形成全国市场销售网络。在此过程中，京东也在各大区内建立起相应的仓库、配送站，并组建了自有配送队伍，物流体系规模不断壮大，员工人数也直线上升。

期间，不少人认为京东在物流上的超高投入是"无底洞"，物流的重资产、重人力属性会不断消耗公司的能量。但京东仍在物流体系中义无反顾地加大人力与物力投入，这不仅是为了给消费者提供更优质的服务，也是为了推动整个物流行业的降本增效。

京东实施产品品类扩充战略后，公司的发展驶入快车道，仓储网络的建设常常无法跟上业务发展，"爆仓事件"频频出现。在这种情况下，京东最迫切的需求就是寻找大面积的仓库以及招聘大量的物流工作人员。

正是京东在物流上的全力投入，才有了不断丰富的物流网络，公司在一二线城市才能够实现"211"限时达，让客户在最短的时间内收取货物。随着一二线城市市场趋于饱和，2014年，京东实施渠道下沉战略，物流自建成为此项战略的关键之举，能够将流量转化为真正的价值。这一年，京东物流新增网点近1000个，扩展区县近600个。到年底时，京东在全国已建立起七大物流中心，在40座城市运营了123个大型仓库，拥有3210个配送站与自提点，覆盖全国范围内1862个区县。❶

众多配送站点的运行与连接，需要依靠大量的人力来实现。2017年，京东物流正式独立，从服务京东到服务社会，进行了业务升级。此时京东物流员工已超12万人，其中大多为一线配送人员。

到2021年6月30日，京东物流已有约1200个仓库投入运营，物流仓储总面积约2300万平方米。一年内，京东物流运营的仓库数量增加了450个，相当于2007～2017年十年间仓库增长总量。

与此同时，京东已建立约7800个配送站，覆盖全国32个省、自治区与直辖市，445个城市与直辖市的区。此时，京东的自有配送人员约有20万人，占整个集团人数的50%以上。❷

如此庞大的配送体系，助力京东实现了"最后一公里"的胜利。但在其证明自己的成功之前，很多业内外人士对这一模式并不看好。

***

❶ 李志刚. 创京东——刘强东亲述创业之路[M]. 北京：中信出版社，2015.
❷ 中国新闻网. 京东集团发布2021年二季报 员工总数已近40万人[EB/OL].（2021-08-24）. https://baijiahao.baidu.com/s?id=1708943312066511377&wfr=spider&for=pc.

第 一 章　 京 东 的 管 理 逻 辑

作为自营电商企业，仓配一体化会给公司的管理机制造成很大负担，极大提升了管理难度。2010年前，在库房面临巨大缺口时，为满足业务发展需要，京东曾录用了大量派遣工。但派遣工的福利待遇不比正式员工，久而久之，公司内部形成了京东系与派遣系，而队伍的"分裂"并不利于京东物流的顺畅发展。所以后来京东决定不再雇用派遣工，所有配送人员都由公司招聘并享有正式员工的福利待遇。

不同于身在总部的职工受公司文化氛围的熏陶和各项管理制度的制约，一线的配送人员分布在全国各地，很多人甚至从未到过总部，他们在日常工作中能否正确践行公司宗旨，从而为客户带来更好的消费体验？再者，他们能否坚守岗位，向客户表现出京东的正面形象？

就物流配送人员而言，他们在空间上的分散程度高于集团总部的工作人员，构成结构也更为复杂，但在人数上占据集团员工总数的一半以上。大多数基层配送人员的学历较低，如何践行公司的各项管理章程、贯彻企业文化也是一大挑战。

可以说，这部分员工是京东管理的痛点所在，而且因为他们负责京东最为核心的"最后一公里"，直接影响着客户对京东的印象。一旦因为管理疏忽导致客户因配送问题"拉黑"京东，京东的品牌美誉度将会大打折扣。

但在京东的管理下，一线配送队伍井然有序地运作着，让五湖四海的客户体验到京东以"客户为先"的态度，这也是刘强东在接受采访时曾提及的自豪点。

在《2019年度最令消费者满意的快递物流品牌》报告中，国内有10家快递企业上榜，其中京东物流、顺丰快递与中通快递成为业界口碑最好的三家快递企业。京东能够取得良好的口碑，正是凭借超快的配送速度与优质的配送服务。

事实证明，京东的一线配送队伍一以贯之地践行着公司的各项规章制度与价值观，赢得了客户的好评，让京东的"最后一公里"变得与众不同。

⊙ 文化炼魂，制度锻行

从创业之初的京东多媒体，到如今横跨零售、物流、科技等多个领域的京东集团，京东的成长有目共睹。这期间，公司员工人数的爆发式增长一度成为众人的聚焦点。

京东集团40万员工来自五湖四海，拥有不同的成长环境与人生履历，具备不同的个性与世界观。他们可能就职于集团总部，也可能在分（子）公司大展宏图，他们有的在写字楼中指挥若定，有的对大街小巷的派送路线如数家珍。不论在哪一个岗位，他们都能在公司战略的引领下统一、高效地推进各项工作，为京东及各利益相关方创造更大的价值。

配送人员的突出表现只是京东管理成功的写照之一，更重要的是为什么京东能够让近40万员工有序运转、各司其职，在团队中充分发挥个人能力，为公司创造更大价值。

这背后的管理逻辑是，用文化统一员工的思想，用制度规范员工的行为。文化与制度严丝合缝，像契合的齿轮一样推动着京东管理的正常、高效运转。

杰克·韦尔奇曾谈及企业文化的重要性："如果你想让列车时速再快10千米，只需要加一加马力；而若想使列车速度增加一倍，你就必须更换铁轨了。资产重组可以一时提高公司的生产力，但是如果没有文化上的改变，就无法维持高速发展。" ❶ 文化作为一家企业生生不息的资源与核心竞争力，不仅对内发挥着巨大的号召力与凝聚力，而且对外展示着企业形象，引起社会关注。

京东深谙其道，自创立以来一直将企业文化作为公司的重点建设内容。文化定义了京东的前进方向与是非标准，让公司能够在既定的轨道上稳健前行。

20多年来，京东对企业文化的核心——使命、愿景与核心价值观进行了多次升级与调整，使其适应内外部环境的要求。如今，京东的官网上显示着其最新的文化核心：

使命——技术为本，致力于更高效和可持续的世界；

愿景——成为全球最值得信赖的企业；

核心价值观——客户为先、诚信、协作、感恩、拼搏、担当。

文化只有植入基因才能发挥效用，然而对于大部分公司而言，企业文化仅停留在墙上、纸上，没有进入员工心里。京东则不然，员工在企业文化践行道路上更多靠内力驱动，能将企业文化转化为实际的效益。

"不是一家人，不进一家门"是京东一直遵循的用人原则。员工的价值观如果与公司不一致，即便能力再强，京东也不会考虑他。价值观的一致性在很大程度上保证了京东企业文化的"纯洁性"，也是员工在公司实现内力驱动最重要的条件。

---

❶ 陈广. 华为之企业文化[M]. 深圳：海天出版社，2018.

将价值观放在首位，也是京东与其他以绩效为导向的公司的最大不同。对京东而言，能力可以在具体实践中提高，公司也完全有能力通过健全的人才培养体系培养出德能兼备的员工。

员工进入公司后，能够通过各种有形的场景或无形的氛围感受京东的文化，抽象的文化被转化为听得到、看得见、摸得着的东西，员工也能在此过程中进一步感知京东的企业文化，从而将其融入灵魂，落实到岗位上，体现在行动中。由此，京东内部的企业文化传递构成了正向循环模式，"客户为先""诚信"等核心价值观得以有效传递。

刘强东曾表示："许多员工即使得到外界薪酬更高、待遇更好的工作机会也不愿意离开京东，不是因为别的，正是因为京东的企业文化吸引了他们，他们认可我们的价值观。也正因为有企业文化和价值观，我们的员工才能不计眼前之利，我们的团队才有真正的未来。"❶

文化只是公司的管理手段之一，如果说它是通过润物细无声的方式，潜移默化地塑造着员工的"京东魂"，制度的存在则进一步规范着员工的行为，为内部管理创造更高的效率与保障，从而促进京东有序、高效运转。

很多公司在发展过程中，为加强管理而开展各种制度培训，选择权威机构直接为公司制定各项规章制度，抑或是直接参考、借鉴其他公司的管理制度。需要辩证看待的是，各公司发展的具体情况并不相同，不与实际情况相结合而制定制度，将会起到反作用。

在这一点上，京东保持着清醒的态度。大学时代的刘强东在开餐馆创业被员工欺骗后，曾到日企工作过一段时间，在那里学到了先进的管理制度，明白了制度对企业发展的重要性。因此，刘强东在创立

---

❶ 刘强东. 刘强东自述：我的经营模式 [M]. 北京：中信出版社，2016.

京东之初，就十分重视制度建设："对员工一定要信任，但信任不等于没有管理。让你加入团队就是信任，但要通过制度、规章、流程加以管理，有互相监督的体系。"❶

在公司的制度建设上，京东并未直接采取大部分公司的做法，而是依据自身具体情况塑造了具有京东特色的管理制度。即便初期的制度并不完美，但在公司发展壮大的过程中，管理者一直在与时俱进，不断对其进行优化。极具"京东味"的管理制度，不仅能够有效解决公司日常的管理问题，还能让员工的行为更加规范。

不同于很多公司复杂化的管理制度，京东的管理制度倾向于"极简"和"高效"。刘强东曾说过："我们是追求简单的公司，把所有的管理理念和原则，从战略到执行到组织到授权，都表格化了。这些表格简单到不能再简单，所有员工都要了解清楚。"❶这些表格经过多方验证，几百人能用，几十万人也能用，京东正是靠着几张简单的表格，实现了内部员工的有序、高效运转。

除此之外，京东为了促进日常事务的规范与高效推进，在2017年8月正式发布了《京东人事与组织效率铁律十四条》，其中包含"一拖二原则""24小时原则""8150原则"等14个原则，在人才快速扩张满足需求的同时，制定了各种严格的要求与标准，有效降低了潜在风险发生的概率。

文化炼魂，制度锻行。正是制度管理与文化管理的紧密结合，才使京东的几十万员工始终保持步调、方向、执行的一致性，不断推动企业稳健前行，为社会创造更大的价值。

---

❶ 刘强东. 我的创业史 [M]. 北京：东方出版社，2017.

第二节
降本增效

从决定"负重"前行开始，京东就注定要走一条特立独行而又崎岖的道路。自营的性质、自建物流的选择、超全的品类……京东只有发挥超强的管理能力，才能缔造持续增长的奇迹。透过各种管理现象看本质，京东的管理逻辑其实很简单，用传统的降本增效就能概括。京东的管理者不但重视控制显性成本，还高度警惕给组织带来负担的隐性成本，并注重提升人才的能力，使其发挥主观能动性，从而创造更多的价值。此外，通过管理激活创新能够不断制造新的成本曲线，也是京东降本增效的重要手段。

⊙ 警惕隐性成本

隐性成本是与可量化的显性成本相对应的难以精确计算的成本，其隐藏于经济组织的总成本之中，游离于财务监督之外，是成本的将来时态和转嫁成本形态的总和。[1] 由于不能直观表现，很多企业往往有意无意地忽视了对隐性成本的管理，殊不知，这部分看不见的成本对企业的发展至关重要，如果不进行管理，一旦泛滥，将给企业带来毁

---

[1] 宋劝其. 隐性成本蚕食企业生命力[J]. 中国石油和化工产业观察，2021（Z1）：54-55.

灭性的打击。

考拉看看头部企业研究中心从研报、官方新闻、京东内部资料，以及市场上有关京东的图书等权威渠道，收集、整理、分析了大量有关京东管理的资料，对京东的企业管理方式进行了深入分析。通过研究，我们发现了京东在管理上的一个显著特点，即高度重视对隐性成本的管理。

首先是企业文化成本。创立之初，京东就意识到企业文化的重要性，并树立了正确的价值观。在发展中，京东的价值观经过多次迭代升级，但其核心"客户为先"始终未变。京东将价值观落实到公司的制度上，纳入员工的考核体系中，使其成为每个京东人发展中的重要组成部分。

企业文化作为隐性成本，虽然看不见、摸不着，但能够对团队产生潜移默化的影响。隐性成本高，会增加企业的负担，相反，则能减轻企业的压力，推动企业前行。京东通过打造优秀的企业文化，吸引了大量具有相似气质的人才加入，进而形成良好的人才生态，为企业发展注入源源不断的人才动力，有效降低了隐性成本。京东人力资源副总裁刘梦曾经表示，价值观好的企业具有非常强的自我纠错能力。❶

商界风起云涌，机遇与风险并存，即便在某一阶段因决策失误等原因导致显性成本上升，只要企业文化的灵魂不散，改正错误、重新再战的可能性就极大。然而，一家企业在企业文化上的隐性成本如果过高，在遇到困难时，很可能人心浮动、分崩离析。

其次是沟通成本。企业的发展离不开人，企业管理在本质上就是

---

❶ 鲁克德. 京东人力资源管理纲要 [M]. 北京：华文出版社，2019.

人的管理。沟通是工作中的重要环节，由于个体差异和沟通链条的长短等主客观因素，信息在传递过程中会出现偏差，这无疑增加了沟通的成本。沟通成本过高，轻则降低工作效率，重则使企业丧失重要机会，甚至直接给企业造成严重的经济损失。

京东是一家执行力很高的公司，在管理过程中制定了很多制度，有效降低了沟通成本。在会议方面，京东组织庞大，每天要开很多会，如果不能把控会议成本，会将大量的时间浪费在开会上，而且不能取得预期的效果。京东的管理者直击会议本质，会前做好充分准备，会中主题明确，会后执行高效，大会小会时间控制到位，有效降低了沟通成本。

此外，京东还通过精简组织、缩短沟通链条等方式提高沟通的准确性和时效性。在积木式组织中，沟通更加直接、简单，是降本增效的又一有力渠道。

再次是岗位错位成本。人才只有在正确的位置上才能发挥最大价值。一些企业招到人才后，没能及时针对其专长分配适宜的岗位，或是在其能力提升后，没能为其提供发挥才能的舞台。这就导致员工对现有岗位产生不满情绪，在问题得不到解决后选择离职。很多管理者往往忽视了这种现象，对于员工的离职，存在无所谓的态度，有人离开，就再招聘。殊不知，岗位错位不但增加了员工的培训成本，还增加了员工跳槽到对手公司的潜在风险，更不利于岗位价值的实现。

京东将员工培训上升到战略高度，新员工在培训期就对公司的业务形成了初步认识。此外，通过轮岗制度，员工不但对公司的业务有了更加深入的理解，还能够根据自己的兴趣和能力选择适合的岗位，降低了岗位错位出现的概率，也减少了相关的隐性成本。

第 一 章 京 东 的 管 理 逻 辑

京东为人才提供了丰富的能力提升渠道，同时也为他们搭建了广阔的施展才华的舞台。员工只要有能力，就能在京东找到合适的位置，从而实现自己的价值。公司和员工的双赢，是隐性成本降低的最佳成果。

最后是领导者成本。领导者在企业管理中发挥着引领性作用，所以其领导力的强弱对于企业的发展至关重要。在不同层级的员工中，领导者所处的层级最高，企业为其付出的成本也最高。领导者如果不能正确发挥能力或不具备领导力，就会导致隐性成本居高不下。尤其是大型企业，领导层级复杂，更要警惕领导者成本，成本过高，会加重组织负担，严重影响团队的战斗力。

京东的最高领导者是刘强东，作为优秀的创业者，其本身就具有杰出的领导力。在公司扩张的过程中，他一方面通过个人魅力影响其他领导者，另一方面还通过建立完善的规章制度，对领导者的行为进行有效规范。

在发展过程中，京东逐渐建立起统一、规范、全面的领导者培养体系，并通过该体系不断培养企业发展所需的中高层领导者。与直接从外部聘用人才相比，这种方式虽然看起来花费了更高的培训成本，但从长期来看，从企业内部提拔领导干部实际上降低了隐性成本。因为无论在价值观上，还是在管理体系上，内部提拔的领导者往往都比外聘的人才更能贴合企业的基因，而这一点，恰恰能够在降本增效上发挥强大能量。

京东的管理者清晰地知道，隐性成本会悄无声息蚕食企业的生命力，因此要时刻保持警惕，只有这样，企业在快车道上高速行驶时，才不至于被看不见的隐性成本拖后腿。

⊙ 释放个体能量

京东在管理方面另一个显著的特点是善于调动员工的工作热情，帮助他们提升自我价值，从而释放个体能量，实现公司和员工的双赢。

于个体而言，只有置身团队之中，发挥的价值才能最大化；于团队而言，个体释放的能量越大，团队取得的成就越高。拥有近40万员工的京东无疑是一个庞大的团队，而如何使这个团队在保持向心力的同时尽可能多地创造价值，是每一个京东管理者面临的挑战。

从如今取得的成果来看，京东的管理无疑是成功的。21世纪以来，中国的电商世界硝烟四起、角逐激烈，而今硝烟散去，格局渐渐清晰。很长一段时间，京东和阿里巴巴的地位相差悬殊。但经过一番持续拼杀，这种差距逐渐缩小，京东凭借实力成为阿里巴巴需要警惕的竞争对手。

2009年，北京市领导参观完阿里巴巴后不久，又到京东参观。彼时淘宝在诸多电商企业中一马当先、大放光彩，反观京东，仓库是租别人的，货物也是别人的，仿佛水中浮萍，无所凭靠，在残酷的商场中很容易夭折。然而刘强东对此却很乐观："京东的库房是租的，商品是供应商的，京东靠什么做起来的？靠的是人！"❶

以人为本，是京东的管理密码，而从本质上来看，管理就是管人。只有得出人才管理的最优解，才能夯实百年名企的根基，筑牢抵御市场风云的城墙，真正实现降本增效、多方共赢。京东通过完善的人才培养机制、公平的薪酬绩效体系、畅通的晋升渠道等多种措施，为所有京东人构建了一个实现价值、施展抱负的平台。

---

❶ 李志刚.创京东——刘强东亲述创业之路 [M].北京：中信出版社，2015.

在这里，京东人从事的不仅仅是一份工作，还是一项事业。他们从京东得到的，也不仅仅是生存的资本，还有能力的提升和幸福感的沉淀。管理者为人才创造良好的工作环境，人才的主观能动性得以被调动，进而释放更高的价值。在正向循环下，成千上万的京东人建立了良好的生态，支撑企业一路攻坚克难，绘就美好蓝图。

根据考拉看看头部企业研究中心对国内外诸多企业管理者的研究，几乎所有的管理者都希望团队成员在工作中能够全情投入，为团队创造更多的价值。但在实际管理工作中，如何达成这一目标却是一大难题。

一家集团公司的总裁每个季度都会制订提薪计划，员工除每月的固定工资外，还能不定期收到公司发放的大额奖励金和各种丰厚的福利待遇。该公司为员工付出的薪酬之高，甚至连一个处于基层不起眼岗位的试用期员工都能轻松拿到8000元以上的月收入，在同行业中明显处于领先水平。

公司仅每月发放给员工的工资就有两三亿元，此外还投入了大量资金给员工培训，以提升他们的工作积极性，但效果却远不如预期。相反，无论是在公司总部，还是在各分公司，员工离职率都很高，中层管理者跳槽率更是惊人，人才流失问题突出。

总裁百思不得其解，为此请来高德调查公司的创始人高德帮其寻找原因。经过深入调研，高德发现了问题所在：这位总裁把管理视为一种物质的投入产出游戏，把团队看作由家丁构成的私人军队，以为这样就能驾驭下属。但实际上，仅由物质需求构成的一切管理秩序都是不稳定的。因为这样的团队没有思想，没有纪律性。❶

---

❶ 高德. 管理就是管人 [M]. 北京：现代出版社，2016.

管理者的管理方式多种多样，但综合分析后，无外乎四大类，其一为树立权威，其二为金钱激励，其三为制度规范，其四为统一思想。在这四类管理方式中，统一思想最为关键，依靠权威、金钱和制度来管理，虽然也能起到一定效果，但如果没有统一的思想，团队容易在外力作用下分崩离析。然而，身处团队的个体一旦拥有了共同的奋斗目标和信念，很容易克服恶劣的环境，表现出超强的战斗力，这一点在很多杰出的创业团队中表现得尤为明显。

当然，这些管理方式并非矛盾对立的，优秀的管理者如果针对具体情况采用不同的管理方式，就能够优势互补，进一步帮助员工释放能量，促进公司可持续发展。

在这方面，京东是一个成功的典范，其深谙思想统一的重要性，从成立起就有意识地引导员工形成统一的价值观，在发展过程中，通过招聘筛选具有相同理念的人才加入，采用培训的方式让他们坚定信仰。凭借统一的价值观，京东人"力出一孔"，促使整个组织以最低的成本创造出最高的效能。

以价值观为基础，京东管理者还在工作中形成了说一不二的领导作风，打造出一支执行力超强的铁军。超高的话语权、快速决策的能力，以及对全局和细节的把控，让京东人方向一致、步伐整齐。

此外，京东员工的薪酬水平在同行业中也名列前茅，尤其是为人们所称道的给所有快递员缴纳五险一金的举措，更是提升了员工对工作的积极性和忠诚度。当然，京东在发展中也建立了完善的制度体系，通过该体系，个体的行为方式得到规范，权益待遇得到保障，管理的稳定性得到进一步提升。

京东通过打好管理的组合拳，建立起最大化释放个体能量的稳固

第 一 章 　 京 东 的 管 理 逻 辑

秩序，并灵活运用多种管理方式，限制了破坏性力量的发挥，这也是京东管理的成功之处。

⊙ 激活创新思维

2021年年底，京东向社会公布了京东技术当年的年度成绩单。"最近一年，京东体系在各大国际顶级学术会议发表论文220余篇，夺得国内外权威竞赛奖项60余个，并创造了260余项技术突破及应用创新"❶。

看到这则消息，一些对京东不那么了解的人或许会产生疑惑：京东是一家电商公司，为什么要发表这么多学术论文呢？解答这个问题，就要提及京东管理的第三个显著特点——通过管理激活员工的创新思维。

传统的组织结构会使流程复杂化，在层级结构模式下，信息严格按照上下级渠道传递，时效性弱且不透明。这虽然有利于管理者树立权威，维护流程的"稳定性"，但是也在很大程度上抑制了团队成员的创造力，不利于他们发挥主观能动性。可以预见，只有那些按部就班、不求变化的员工才能适应这样的工作环境，而那些追求个性、渴望创新的员工，要么选择离开，要么就在日复一日的克制中磨平自己的棱角，最终被环境同化。

在工业时代，社会的变化相对缓慢，传统企业在这样的环境中还能找到生存空间，但随着互联网时代、大数据时代相继到来，无论是

---

❶ 刘峰. 京东技术2021年度成绩单：在技术上累计投入750亿元 [EB/OL].（2021-12-23）. https://www.dsb.cn/171081.html.

生产力水平，还是信息流动速度都发生了显著变化。成长于日新月异的时代中，新一代劳动者对自我实现、能量释放等个性化需求关注度大为提升，也更倾向于在创新型企业中工作、成长。

诸如三星、诺基亚等曾经的龙头企业，就因为组织臃肿、管理层级过多、决策复杂、信息封闭等因素，失去了那些喜欢在工作中寻求创新的员工的欢心。这一点，对于想要持续发展的企业来说非常致命，也是这些企业业绩下滑的关键原因之一。❶

京东则不然。或许从2003年那次于危机中勇敢"上线"开始，京东就植入了创新的基因。后来商海风起云涌，京东又是一次次凭借创新披荆斩棘。在新环境下，企业面临的挑战更多，也更加复杂。餐饮企业可能因为崛起的外卖平台而倒闭，服装企业可能因为电商的兴起而折戟，出租车公司也可能因为小小的打车软件而消沉。过去，击败一家公司的只有竞争对手，而现在，如果不与时代同行，就不知道"敌人"从什么地方出现，也许明天倒下的就是自己。

网络之下，谁掌握了消费者的需求，谁就能洞察先机。传统企业如果不变革，必将会被滚滚向前的时代洪流甩在后面。京东的管理者深知，只有更加开放的组织、更加灵活的决策方式、更加适宜创新的工作氛围，才能吸引并留住创新型人才，从而更快地网罗消费者需求，为企业发展制造新的增长点。

京东是一家高度重视成本管理的企业，但根据经济学原理，成本曲线总是会先降后升，任何企业都无法摆脱这一"魔咒"。无论如何节

---

❶ 陈春花. 激活个体：互联时代的组织管理新范式 [M]. 北京：机械工业出版社，2015.

第 一 章 京 东 的 管 理 逻 辑

约开支、提升效率，成本最终都要提升，要解决这个问题，最好的办法就是创新。创新能够制造新的成本曲线，在原有的成本曲线无可避免要走高时，新的成本曲线能够为企业创造更大的发展空间，在新领域中继续"降本增效"。

因此，京东的管理者在管理工作中高度重视激活员工的创新思维，正体现了其降低成本、提升效率、促进增长的战略布局。为最大限度激活员工的创新思维，京东为员工创造了足够大的创新空间，而在所有激励创新的手段中，当属授权与赋能最为凸显。

与很多公司将创新写在墙上、挂在嘴边不同，京东将创新落实到了行动中，最大限度地为人才提供创新平台，真正做到了尊重人才、赋能人才。比如，京东对于非常重要的业务，会快速将其拆分出来，组成独立的事业部，并为业务负责人授予充分的权力，同时配给相应的预算和人力支持，保证业务的创新孵化拥有足够的空间和资源。

由于京东有大量的2C业务，所以感知客户的需求非常关键。为了更加灵活地应对市场变化，京东进行了组织变革，使其能够像积木一样自由组合、高效创新。在这种制度下，组织架构能够灵活拆分，针对不同项目需求临时组成一个个事业部，这些小闭环、小组织就像一家家小公司，由项目负责人临时担任该公司的总裁，并具有快速调配资源、快速决策的权力，尽可能减少创新过程中的阻力，为创新成果服务。

京东的授权与赋能举措，有效激发出人才的创新思维，并做到了为创新型人才保驾护航。在当前市场竞争日趋激烈的大环境中，只有持续创新才能保持领先，从京东管理者对创新的重视程度，人们能窥见其未来的光明前景。

第三节
从狼群到蜂群

京东前期的管理风格很好地诠释了什么是狼群法则。在激烈的竞争中，刘强东像头狼一般，带领着一支野心勃勃、行动敏锐、战力超强的"狼群"，在互联网的世界厮杀出一片天地。当狼群壮大到头狼无法精准掌控每一个成员时，京东的管理风格开始向蜂群转变，中心的控制力减弱，取而代之的是更多具有超强自我进化能力的小单元。这种单元高度自治，且能随意拼接，将成为京东向下一个十年进发的关键能力。

⊙ 狼性的启示

京东的发展脉络和管理风格，具备显著的阶段特质。个性鲜明的京东，在早期的管理中流露出显著的狼性风格。不论是逆势起浪的正道经营，还是归零重来的巨大魄力，抑或是洞察先机的果断决策，京东似乎总在一重重滔天巨浪中再开新局。

在中外商业社会中，很多企业都非常推崇狼性文化。具体而言，狼性文化意指具有拼搏精神，对外强悍骁勇、敏锐迅捷，对内结构清晰、讲求合作的企业文化，这与京东的早期形象完美契合。

在假货横行的中关村引领低价正品风潮，踏着互联网浪潮转型零售电商，在近十年的亏损中坚持铺设物流网络，成功建立实体和互联网产业间的"双栖"模式……种种成就，离不开京东骨子里的狼性基因。

狼性是京东与生俱来的本能。从成立伊始，京东就面临着激烈的市场竞争，只有时刻保持狼一样的机敏与无畏，才能在残酷的环境中求得生存。

1999年，京东凭借正品行货，以及附带教学服务的良好口碑逐渐打响名声。当时的中关村"鱼龙混杂"，不仅消费者需要谨防被骗，连熟悉行业规则的商家，也可能落入骗子的陷阱，比如早期的京东。

当时有一伙自称在北京某宾馆办公的骗子，前后三次在京东购买刻录机和光盘，利用银行支票需三天才能显账的时间差，在最后一次购货时，一次性卷走了价值30多万元的货物。尽管京东最初的草创团队小心谨慎，也采取了诸多保障措施，但仍没逃脱被骗的结局，一年来的辛苦所得几乎赔了个精光。

这仅是京东早期发展历程中的一个小片段。面对竞争激烈、局势混杂的市场环境，想要真正为企业发展夯实基础，就必须具备强烈的危机意识，积极进取、永不放弃。在这样的环境中成长，京东的体内奔涌着狼性的血液，并在坚守优势的基础上不断开拓新市场。在企业管理的概念中，京东的这种行为叫"狼性守业"。

狼性给京东的启示不仅于此，强大的"探路""开路"和"带路"能力也是其中之一。自然界中，头狼是狼群的核心，肩负着带领狼群寻找目标、捕获猎物、躲避危险等任务。对于创业企业而言，创始人像头狼一样，承担着带领团队成员冲锋陷阵、击败对手、赢得成功的艰巨使命，其对市场的敏锐洞察力和对行业走向的精准认识，往往能引领团队在正确的路径上登顶一座座高峰。

在经营实体店铺时期，刘强东为京东的未来发展铺设了诚信经营、客户为先的土壤，成功在行业内树立起"买正品，到京东"的品牌背书。在他的领导下，京东在内外部管理方面积极探索创新，寻求降本增效的手段，推动行业上下游提升发展速度、提高各环节的运转效率。

早期，京东在决策上具有鲜明的创始人风格。2003年从实体向线上转型，2007年力排众议铺设物流网，逐渐由专营3C家电向成为综合性零售电商企业成长……一系列重大决策都有刘强东的身影，其传递出的信号和行事风格，为团队成员树立了榜样。

作为企业的领导者，刘强东不仅要在宏观上把控企业的战略方向，还要下沉到业务端，对战略的执行落地环节进行监管。这种头狼式的领导模式使早期发展不稳定的京东数次抓住机遇、逆势崛起。然而，随着企业逐步走向成熟，这种狼性文化渐渐显露出弊端，那就是对头狼的依赖性过强。在这种情况下，京东亟待探寻一种新的管理模式。

⊙ 蜂群的进化

2017年，刘强东对外发布了一则重要消息：京东将通过云计算、大数据、人工智能等新ICT技术实现技术转型。从早期的电商向技术型综合供应商转变，这一战略变化既继承了京东以往果断、敏锐的狼性风格，同时也蕴含其向"蜂群"进化的逻辑。

事实上，从决策集中到权力下放，从结构单一到多元化发展，从"突进式"的狼群向"聚合式"的蜂群进化，是企业进阶的必由之路。

"蜂群思维"是一个从昆虫群体中衍生出的概念。凯文·凯利的

《失控》一书中曾明确提及：昆虫群体就是一个有机体，表现为一个一元整体。"蜂群思维"神奇在量变引起质变，从个体机体过渡到集群机体，只需要使它们的数量大量增加，能够相互交流。当其复杂到一定程度，集群就出现了，虫子的固有属性就蕴含了神奇的集群。❶

蜂群的管理呈分布式，不同角色承担不同职责，与大多数组织中自上而下的运行法则不同，蜂群中指挥官这一角色并不由蜂后扮演，而是由群体担任，实施一种自下而上的管理模式，在自我管理的同时，也与群体中的其他成员有效连接，进而使整体呈现出井然有序的运行态势。这种理念延伸至企业管理中，亦通用且合理。简单来说，就是企业具备群策群力的经营能力和自组织、自驱动、超链接的组织能力，以及立足于资源协同的创新力、创造力。❷

2006年，"云"概念产生，发展到现在，这一领域已成为互联网行业头部企业的"必争之地"。2008年以后，中国电商发展的黄金期来临，京东作为国内领先的自营零售电商企业，日交易量也从5000单升至10万单、50万单。迅猛增长的订单量，使京东难以抵御"流量洪峰"的能力短板愈发凸显。如2011年，京东拓展图书品类时，就曾因促销活动过于火爆，导致网站服务器宕机，活动最后半小时，大量用户卡在加购页和订单页，无法完成支付。为此，京东还在微博上公开向广大消费者道歉。

这一问题成为京东重视协同调度和组织化的契机之一。当时，京

---

❶ [美] 凯文·凯利. 失控：全人类的最终命运和结局[M]. 东西文库，译. 北京：新星出版社，2010.

❷ 易知行. 易道聊管理第28期：能否将蜂群思维引入组织管理？ [EB/OL].（2019-03-13）. https://mp.weixin.qq.com/s/vvE7XnEjNnE45aevgSrewg.

东采用的是集中式架构，不具备短期内补充服务资源的能力。为解决该问题，京东在2012年迅速推出"分布式架构"，重塑了原有的组织结构，增加了不同环节间的弹性调度能力。

2017年，京东向全面技术转型迈进，之后投入数百亿元在云计算、人工智能、量子机器学习等领域深入创新。截至2021年9月，京东云已经为超过152万家中小微企业、1500多家大型企业提供了技术支持。❶"蜂群式"管理模式的优势正在日益凸显。

其一，具备更强的抗风险能力。早先"直链式"的上传下达早已不适用于当下的发展需要，取而代之的松耦合模式，不仅能够因地制宜调整系统间的协同布局，还能够避免由单一决策导致的风险扩散。

其二，对环境变化更敏感，反应速度更迅捷。严密的管理结构和明确的责任分工，使各个环节的临机决断更加迅速。同时，涟漪式的及时反馈，也能够使组织快速察觉市场需求，迅速作出应对。

其三，团队协作更灵活。蜂群具有"去中心化"特质，在"蜂群式"管理模式下，京东的资源匹配度更契合，员工的工作积极性更高，能够有效避免因管理僵化、组织断点，以及内驱力缺失等因素导致的一系列问题。

京东向蜂群进化既是一个量变促成质变的过程，也是其向成为一个有机生命体转变的必要过程，更是推动其生长、裂变的重要推力。

---

❶ TechWeb. 京东2021年第三季度财报发布 京东云服务超1500家大型企业 [EB/OL].（2021-11-22）. http://cloud.idcquan.com/yzx/190177.shtml.

第 一 章 　 京 东 的 管 理 逻 辑

重新定义
京东

第二章

四十万人的共识

随着社会的发展演变，价值观的一致性已成为企业核心竞争力，它能为企业发展注入无穷的动力。刘强东认为，价值观不同的人，能力再强京东也不需要。作为全体京东人的思维模式和行为方式准则，价值观决定了京东的发展方向。数十万名员工对其的践行，助力了京东成为一家伟大的公司。

第一节
以价值观为旗帜

价值观是京东的精神旗帜，为引领公司前行，京东让价值观与时俱进。在京东，价值观并不是"一纸文书"，而是通过领导者的言传身教、公司的价值观体系等植入每一位京东人的"DNA"。正是在价值观的强大号召下，京东才能够在商业世界中行稳致远，成为中国领先的以供应链为基础的技术与服务企业。

⊙ 迭代：四次升级

将历史脉络拉长来看，我国大部分企业在发展前期都以追求效益为第一位，以在市场竞争中求生存。当其在商业世界中构建起一定壁垒时就会意识到，企业需要文化来让个人与集体的价值观达到契合，增强企业发展的内生动力。

于是，他们或是聘请专业咨询团队为企业量身定制文化价值观，或是"凭空嫁接"其他公司的价值观。但最终，这些价值观的标语只是占据着公司的墙面，并未内化至员工内心。

中国"博客教父"方兴东点评刘强东的《我的创业史》时谈道："一个人的个性和价值观，基本上形成于小时候。"当员工发现公司制定的价值观与个人价值观不同时，要让两者达到齿轮般的契合难度极大。因此，企业价值观的"先天性"尤为重要。当企业在初期找准"个性"形成正确的价值观，并在主客观环境的更迭中对价值观进行升级，从而带动员工的思维方式与行为准则全面升级。如此具备长期主义价值观的企业更具有长盛不衰的特质。

1.0：初心是全部

京东就是这样一家企业。从京东领导人在多种场合的发言中可见，这是一家绝对强调价值观的公司，即一切行为与思维方式都将以价值观为准则。

创立初期，刘强东就从过去创业经历上深刻意识到价值观对企业的引领作用。为吸引同道中人，他在结合价值观是否适应现实情况、是否吸引员工与客户后，建立了京东最早的价值观——诚信、合作、交友。

诚信是京东一以贯之的价值观，一直以来，京东就遵循着对客户、投资者负责的想法，并以诚信为行为规范约束自身行为，逐步建立起值得客户信赖的形象。21世纪初，虽然我国"山寨"电子产品横行，但是京东坚决只售卖正品，坚决每一单交易都提供发票。为让员工和供应链生态贯彻诚信，京东还通过建设相关的体系制度和开展培训，在"生态圈"内营造出良好的氛围。诚信是初创团队的特点，也是其最重视的一点，它关乎整个社会公平环境的营造，因此也是京东塑造最成功的价值观之一。

合作作为初期的价值观，不仅对内展现出团队协作的重要性，对外也表达京东作为电子商务"新晋玩家"，愿意与行业其他企业建立竞合的关系。相比冰冷的商业往来，交友亦能体现出京东更愿意敞开心扉，让生态圈进化为朋友圈。

2008年对于京东来说意义深刻。全球经济与资本市场落入"寒冬"，为支撑京东快速发展的需要，刘强东四处奔波，终于在年底时完成第二轮融资，度过京东历史上最艰难的时期之一。另一边，历经多轮价格战后，彼时的电商"巨头"新蛋也终于被京东超过，这是京东发展历程中的里程碑之一。2004年，京东刚完成从实体到电商的转型，面对团队、技术、供应商的超强对手，京东就像新生的婴儿面对着巨人，压力显而易见。因此，新蛋成为京东的学习目标、竞争对手。在不到四年的时间里，京东不断累积实力，加强人才、供应链、全品类等环节的建设，终于逆风翻盘。

刘强东坦言，最初的京东除了精神之外一无所有。它在诚信、合作、交友的价值观引领下，潜心沉淀核心能力，在电商领域留下深刻的印记。

2.0："五星"奠定发展基调

当京东发展到新一层级时，刘强东也意识到，公司需要更符合当下及未来战略发展的价值观来引领京东人前行。于是，他在京东2009年年会上正式宣布对公司价值观进行首次升级，由诚信、合作、交友，

进化为"五星管理法",即拼搏、价值、欲望、诚信、感恩、坚持。❶

这"十二字"方针,每一个词语都在为京东未来的发展奠定基调。

在京东看来,拼搏就是持续保持奋斗者精神和战斗状态,不设立发展"天花板",持续创造更大价值。而此价值旨在激励员工不仅要为企业创造出最大化的利益,还要为自身、行业乃至社会发展创造贡献。关于欲望,京东以强烈的使命感与进取之心为解释,指代对事情抱有明确的动机与目的,并对组织、企业与家庭、社会进行承诺,最终与公司共获成功。就感恩而言,京东能够在过去发展中取得突破,得益于众人的携手同行。未来,若要在"和谐"环境中取得更新的突破,公司应该要秉持一颗感恩的心,不论是对领导、下属,还是团队与员工。他们的奋力向前,才让这颗中国电商界的"新星"释放出光芒。

之后的五年,京东一直在"十二字"方针的引导下向前奔跑,规模逐日壮大。为让日常管理趋于正规化,公司先后引入大量来自外部企业且有丰富实战经验的管理者,同时业务线的扩张也让基层人员倍增,员工人数在短短几年内增长了好几倍。2009年底,京东仅有2000多名员工,到2013年时京东员工人数已逼近10万人。❷虽然从外部来看,内部专业人才为京东持续增长奠定了稳定的基础,但刘强东也因为激增的员工数量察觉到隐患——原有的企业文化与价值观面临被稀释的风险,内部文化冲突也在暗自"较劲"。

京东从外部企业引入的大量管理人员在"老东家"所受的职业价值观教育,难免会与京东价值观有些许差异,这让京东价值观无法在高层与基层之间起到承上启下的作用,致使公司出现"大企业"病的

---

❶ 鲁克德. 京东人力资源管理纲要 [M]. 北京:华文出版社,2019.

❷ 刘强东. 我的创业史 [M]. 北京:东方出版社,2017.

第 二 章　四 十 万 人 的 共 识

苗头：帮派滋生、部门协调不力，响应滞后。刘强东始终认为，只要企业文化与战略正确，京东的核心竞争力就不会被削弱。作为一家绝对强调价值观的公司，京东不允许内部价值观的分化成为公司发展的绊脚石。

3.0：一个中心，四个基本点

在现实倒逼的情况下，京东再次对价值观进行升级。

创立之初1.0版本价值观是刘强东一个人"敲"出来的，而公司规模指数般增长让刘强东意识到，制定价值观不再是"独角戏"，而要从更多京东人身上提炼出价值共性。

2012年，京东开始对企业文化进行新一轮梳理。此次公司不仅邀请了众多管理层与员工加入，还聘请了专业团队深入内部，通过匿名访谈与问卷调查等形式了解员工喜好，系统梳理了京东文化。为在会议上讨论出新价值观体系，一众高层几番争吵："我不信，'高效'这个词进不去？"❶刘强东在僵持不下时才介入道："别吵了，我来拍板。"

不同于过去以刘强东为主导的会议，此次会议最明显的特点是刘强东逐渐在淡化个人色彩，向倾听者的角色转换，因此在会议快结束时才阐明自己的想法。之后他也说明，如果自己一开始就发言，所有人就会听着，也不会有激烈的讨论。

此次制定的企业文化体系逐渐淡化了刘强东的个人色彩。最终，京东的新价值观确认为"一个中心，四个基本点"，即"客户为先，诚

---

❶ 李志刚. 创京东——刘强东亲述创业之路 [M]. 北京：中信出版社，2015.

信、团队、创新、激情。"**❶** 其中，客户为先作为价值观的中心，其余则作为价值观的基本点。

在发展的新一阶段，京东通过价值观向全体员工传达出新的思想引领。

在客户为先上，京东自始就具备此基因，随着员工数量增加，为了保证基因的传承，让员工始终将消费者、供应商和卖家的利益放在首位，京东将其提炼而出，以成就极致的客户体验。在团队上，其作为京东发展的关键支撑点，京东则以人为本、互信合作、大局为重概而言之，进而增强团队核心竞争力。在创新上，纵观京东的发展历程，它能够从商战中突围，就是靠着持续创新来增强核心竞争力，不论是自建物流体系，还是技术突破。因此，创新永无止境，京东人也应该永远保持创新的精神，不断改进、持续学习、包容失败。在激情上，京东能够接连战胜新蛋、卓越等一众优秀的电商，其背后的强大内驱力始终是京东团队的激情，瞄准第一、只做第一、享受工作、永不放弃。由此可见，京东新一轮的价值观体系，既体现出脚踏实地，也体现出其跳起来摘桃子的精神。

4.0：T型文化，极致价值

2018年，京东的价值观再次迎来升级。而此次升级的推动力，除了战略方向的引领外，还有对自身深刻的反思与总结。

2018年3月13日，一篇名为《无赖京东》的投诉文章顷刻间在网络上引发反响。文章作者六六的好友程女士在京东全球购频道的第三

---

❶ 鲁克德. 京东人力资源管理纲要 [M]. 北京：华文出版社，2019.

方商户中，购买了一件价值109.95美元（约700元人民币，京东标价为1489元人民币）的美国Comfort U 护腰枕。但程女士最终收到的护腰枕标识为 Contour U，价格仅为33.6美元（约235元人民币）。

发现情况后，程女士第一时间联系卖家却遭到拒绝，她只能收集证据向京东客服投诉。但京东客服以商家错发产品为由，建议程小姐退货。让程女士感觉利益被侵犯的是，当商家与京东均无法提供良好的解决方案时，她拨通客服投诉电话，然而电话的另一头也是刚刚的客服："无论你怎样投诉，最终还是会回到我这里来，就这个结果，不会改变。"在无法维权的情况下，程女士与六六决定公开投诉。❶

文章发表24小时后阅读量已过千万，京东首次出面回应，但仍以商家非售卖假货而是发错货为由，并坚定京东只售卖正品行货。同时，京东认为六六的投诉文章言辞激烈且与事实不符，严重损害了京东的品牌形象，公司将采取法律手段维护自身权益。

此番回应"火上浇油"，人们发现程女士购买的商铺内只有一件涉事商品，其余商品全部下架，之后甚至查无此店。网上出现大量类似"公关差""承认卖假货就这么难吗"等诟病京东的声音。

于是，京东紧急召开案例剖析会对此展开深刻反思。为进一步提升服务质量与用户购物体验，杜绝此类事件再次发生，公司专门推出全流程更高标准的客户满意度准则，且建立集团层面的客户卓越体验部。

2018年3月17日晚，徐雷在社交平台上正式回应，表示京东集团全体管理层已进行反思与自我批评，对客服处理方式表示谴责，在诚心向六六女士与程女士表达歉意的同时，也会对此次消费问题负责到

---

❶ 快科技. 作家六六质疑京东全球购售假 京东：正在调查[EB/OL].（2018-03-14）. https://baijiahao.baidu.com/s?id=15948744398614819 46&wfr=spider&for=pc.

底。除此之外，京东还将组织最高层级团队对此事全面调查，若公司工作人员与商家存在不当行为将严惩不贷。为表明改善决心，徐雷也将京东改善用户体验的措施公之于众，最终得到六六与程女士的谅解。

"六六事件"敲响了警钟，它也成为京东历史上第一次因为投诉而引发的全体反思、架构调整与价值观升级。

2018年3月30日，刘强东正式宣告京东价值观全面升级为"T型文化"，即"正道成功、客户为先、只做第一"。❶其中，正道成功始终是京东价值观体系的基石，始终践行合规发展，为整个社会创造出应有的价值，它凸显出了京东的事业格局与高度；客户为先不仅是京东成长发展的基因，也是一切工作的价值标准，京东将竭尽全力洞察客户需求，改善客户体验，并在为客户创造价值的同时，体现京东的温度；只做第一，是京东的精神内核，也是京东持续创造价值的内生动力，它不仅局限于要在市场中拔得头筹，更要保持不断创新和超越的精神，以归零的心态，保持危机感，在巨变的格局中走在队伍前列。

这不仅能体现出京东对事业厚度的追求，也能体现其谋求发展的野心。用刘强东的话说："虽然只有简简单单的十二个字，但却高度概括了京东最本源的基因、最鲜明的气质和最内核的DNA。"❷三个"最"字，足以见证此价值观的极致"浓度"。

过去，京东正是靠着十余万员工对价值观的坚守，才能在一无背

❶ 虎嗅. 刘强东：反思六六维权事件，京东价值观改成"T型文化" [EB/OL]. （2018-03-30）. https://baijiahao.baidu.com/s?id=1596373929465269498&wfr= spider&for=pc.

❷ 消费日报网. 刘强东内部信细说京东企业价值观升级[EB/OL]. （2018-03-30）. https://baijiahao.baidu.com/s?id=1596350306651812687&wfr=spider&for=pc.

第二章　四十万人的共识

景、二无资源的条件下打下一片江山。面对员工的激增，价值观是否能像过去一样融进每一位员工的DNA，从上至下做到整齐划一，成为京东最关注的问题，也是其面临的最大考验。面对不确定的未来，京东只有通过自我迭代与反思，才能巩固现有的行业地位，为京东营造可持续发展的环境。

5.0：回归初心

在2019年"6·18"前夕，京东迎来第四次价值观升级，获得极高关注度。从过去几次升级发现，京东基本保持在五年左右的时间，根据公司发展的需要使价值观与时俱进，来凝聚团队的思想力与意志力，为公司前进注入更强大的能量。而此次价值观升级，距离上次不过一年有余，频繁的价值观更替引发人们的好奇："京东的意图是什么？"

2018年末，京东步入发展史上从未有过的"至暗时刻"，自由现金流一度逼近-40亿元人民币。❶受刘强东明尼苏达州事件影响，京东市值蒸发600亿元，给京东带来了巨大打击。次年初，京东对内部进行了大幅度调整，人员发生剧烈变动。外界看来，京东面临着市场信心危机、增长危机与人员离职危机。而京东认为，这些危机的核心是管理的危机。

刘强东曾谈及，2019年的京东被大量业务机会吸引，以致在没有明晰做法时就加入，结果能力不够支撑。在创新路上，京东也走得急

---

❶ 李原. 组织变革背后，京东重寻价值观[EB/OL]. （2020-08-19）. https://baijiahao. baidu. com/s?id=16754306244558937115&wfr=spider&for=pc.

且猛，削弱了创造价值的能力。这在很大程度上是因为京东的一体化思维限制了开放思维，习惯了强控制的后果。彼时京东集团CHO余睿也认为其实质是组织能力建设、组织机制打造、团队管理与培养业务发展不匹配。

京东内部士气在不明晰的环境中一片低迷，这同样反映出公司的文化价值观体系与公司规模发展匹配度欠佳。作为企业发展的旗帜，价值观代表着先锋的形象，只有凝聚全员共识，建设统一的价值观与文化体系，京东才能以更快的速度跳出"至暗时刻"，进而促进公司的管理、战略升级与组织变革。

京东集团管理层形成共识，公司高管将"正道成功、客户为先、只做第一"的价值观正式升级为"客户为先，诚信、协作、感恩、拼搏、担当"。❶可以发现，曾经京东一直所倡导的诚信、感恩、协作等价值观，再次被提到重要位置。

当下，京东已成为一家含零售、物流、技术等多个业务板块综合零售平台与零售基础设施的服务商，在面对新业态丛生、流量分散、移动场景迁移等叠加巨变的大环境时，京东依旧面临着众多未知数。对于京东来说，想要在此境遇之下切换航道无异于创业。因此，与其说新价值观无创新可言，倒不如说它是对京东创业初心的呼唤，需要京东人回归初心，以统一逻辑、信念、目标、步调，迎接京东再次创业的时代。

值得一提的是新价值观中的"拼搏"，或许是最能体现京东初创的

---

❶ 中国新闻网. 618前夕京东升级核心价值观 倡导回归初心再启创业征程[EB/OL].（2019-05-22）. https://baijiahao.baidu.com/s?id=1634221884153732053&wfr=spider&for=pc.

词语。在任何有需要的时候，京东人能够全情投入、不计得失地付出；在工作中始终保持激情、不畏困难；在项目执行中秉持高效，并在过程中不断寻求新方法与新思路，不断优化自身工作，使其形成可持续发展的闭环状态。最重要的是，当员工享受拼搏的状态时，或许就已真正成为一名京东人。

从多次更迭价值观中可以发现，"客户为先""诚信"等京东最核心的价值观始终在延续，并贯穿于京东的思维方式与行动准则中。作为引领公司前进的旗帜，价值观的作用不可小觑。正是京东对其的重视，公司才能在规模持续扩大的过程中，在员工人数迅速增加的同时，最大限度保持从上至下的通畅性，让各层级员工拥有公司利益最大化就是个人利益最大化的共识，能够在应对变化莫测的未来时保持步调、行动的一致性。

正如京东在内部信中所言："你对价值观的坚守，正在帮助京东成为一家伟大的公司！"❶

⊙ 底部生长，深入人心

对于不少公司来说，员工与公司价值观契合度低一直是管理痛点之一。这种现象会导致员工在执行层面上产生误差，执行结果与预期大相径庭。更坏的结果是，员工对价值观的"不吸收"将直接削弱公司的综合竞争能力，成为"压死骆驼的最后一根稻草"。

❶ 中国新闻网. 618前夕京东升级核心价值观 倡导回归初心再启创业征程 [EB/OL].（2019-05-22）. https://baijiahao.baidu.com/s?id=1634221884153732053&wfr=spider&for=pc.

究其根源，这是企业价值观落地失败的问题。以日本京瓷集团为例，20世纪60年代，京瓷在日本市场已相对成熟的情况下，决定招揽精通业务与英文的员工开辟海外市场。诞生于加拿大且曾任松下工业贸易部长的上西阿沙，成为京瓷社长稻盛和夫的不二人选。为达成上西阿沙与京瓷理念的一致性，稻盛和夫经常与他聊天，但两人常因为对业务持有不同理念而不欢而散。就开辟海外市场而言，海外经验丰富的上西阿沙坚定认为，必须先花一年左右的时间在海外做市场调查，但讲求效率的稻盛和夫绝不允许慢吞吞的行为，两人的僵持让公司海外市场拓展进程缓慢。

稻盛和夫与刘强东持有相同的理念——员工经验再丰富，如果不能同心协力就没有战斗力。在决定解雇上西阿沙前，稻盛和夫给予他最后的机会，这次他将观念与问题全部抛向上西阿沙并追问到底。而此次聊天让上西阿沙与京瓷的价值观彻底达成一致，在上西阿沙的协助下，京瓷很快成为日本企业打入硅谷的先驱，建立了海外兵团，并顺利拓展海外市场。

从全球名企的管理中可以发现，除了追求物质技术的优越，它们更加注重员工个人价值观能否与公司价值观完美兼容。从刘强东"价值观第一，能力第二"的言论可以看出，京东亦如此。为了让公司价值观不成为一种流于表面的形式，公司也通过多种方式让价值观深入员工内心。

软硬兼施，传承京东之观

2013年京东员工人数激增，刘强东最担心的问题是企业文化被严重稀释。进一步说，这种担心来自总监与高级经理这样的中间层。首先，高管直接由刘强东面试、录用的前提是价值观一致。其次，基层大量配送仓储员工有老员工的教导，加之平时大量关注基层，他们也在公司的掌控中。相比而言，他与中层管理者之间的沟通壁垒较高，两者互不熟悉，有必要向中层大面积宣讲京东的价值观。

当京东确认价值观为"一个中心，四个基本点"后，公司在之后五个月开展多场企业文化轮训。2013年3月底，以刘强东亲自推动价值观落地为起点，对公司总监级别以上的管理者开启了首轮企业文化宣讲，之后还多次以"客户为先"为主题在公司内部进行了文化轮训。不只是刘强东推动，只要是总监级别的管理者都需要站在台上阐述价值观，只有说服自己才能说服他人，才能证明真正将价值观内化于心。直至8月底，京东已完成5000多场企业文化轮训，覆盖京东全部员工。

近半年的企业文化轮训，在员工眼里是价值观从抽象到具象的演变，京东内部文化氛围产生相当大的改变。总监及高级经理不仅可以立即回答企业文化的内容，普通员工对企业文化的熟悉度更清晰。值得一提的是，每个部门在京东大企业文化的概念之下，还结合部门特征建设了部门企业文化与价值观准则。譬如呼叫中心员工的第一堂培训课是"让客户听得见你的微笑"，员工闭上眼睛，培训师用不同的语调说：您好，京东很高兴为您服务。当员工听见"微笑"时，就会回答："听到了。"因此，让客户听见微笑成为整个呼叫中心必须遵循的规则。除此之外，员工还在工位上摆上小镜子，时刻观察是否在通话时保持微笑。

自2013年京东拉开企业文化宣讲的序幕后，文化宣讲就成为每年必开展的活动。不论每年有多少新员工加入，京东的核心企业文化始终不会被稀释，企业文化得到良好落地，提升了公司的整体竞争能力。

而刘强东曾经最担忧的公司总监级别的管理者，已承担起传播企业文化的重任，他们每年至少在新员工入职培训上开展一次文化宣讲。在此过程中，他们也在不断加深对京东企业文化的理解，成为文化重要传承枢纽。

同在2013年，京东还将培训部与企业文化部合并成立京东大学。它的重要职责之一就是对全员进行培训，尤其是对于公司的高层管理人员。刘强东认为，相比业务，高级管理人员更应该将主要的精力都放在文化建设方面，因为团队价值观的统一能让京东企业文化不会出现断层的情况。

值得一提的是，在招揽人才方面，相比从其他公司"挖取"人才，京东更倾向于培养人才。从公司各层级员工来看，他们绝大多数自毕业就进入京东工作，对职场的认知也始于京东，接受京东文化、业务等培训，从而比外部人员更加系统了解公司。用刘强东的话说，他们没有受到其他公司的影响，个人与公司价值观契合度更高。

京东不只是通过培训来落地公司文化，考核、激励制度的推动也是重要方式之一。

早在2009年京东提出"五星管理法"时就引入相关价值观考核体系，并借鉴美国通用电气公司的人才评价模型，搭建起一个横轴为价值观、纵轴为业绩能力的考核框架。❶详细而言，"能力"指员工的绩效、业绩；"价值观"则是员工对待周围的人、物的观点是否与京东相匹配。在京东，价值观无对错之分，只有合适与否。当员工与公司价值观发生偏离时，公司一定会遭遇溃败。因此，这张表格能在很大程

---

❶ 鲁克德. 京东人力资源管理纲要 [M]. 北京：华文出版社，2019.

第 二 章 四 十 万 人 的 共 识

度上把控员工价值观动向，并给予及时纠正。当然，它不仅适用于京东的选人、用人，还涉及升职、加薪、辞退。

2014年，京东为进一步推动价值观落地，让员工在自我行为上更符合京东价值观，将此年定为"行为改变年"，并推出"价值观行为积分计划"予以促进。此积分计划针对京东的各级管理者，以价值观行为积分卡、STAR原则和《京东文化手册》为工具❶，以识别出员工符合京东价值观的行为并对其进行认可与奖励。

其中，该计划对京东总监及以上的高管新增了三条绩效考核的指标，除高管每年必须为本团队或其他团队进行至少一次价值观培训外，还需要在京东大促期间前往一线与基层员工一起工作，体验京东的价值观是否贯彻到底。

就价值观行为积分卡而言，M序列的管理人员根据所管辖员工的数量领取一定的行为积分卡，并依据员工符合京东价值观的行为分发积分卡。员工则可以通过公司系统发送的邮件，进入京东内网"我的价值观卡"界面，查看管理者发送的积分卡与对应的事例。如有特别突出的行为，有机会向更高层的管理者推荐。

除此之外，京东还会根据员工每季度价值观积分排名评选出季度文化之星、年度价值观之星。季度文化之星不仅可在下季度第一个月末统一兑换到福利平台，在此平台上购买商品，还可获得限量版的产品，并通过公司内部的平台进行宣传。而其余获得价值观积分的员工则不具备后者的优势。通过类似具有趣味性的活动，鼓励员工做出符合京东价值观的行为。

---

❶ 吴婷婷.【深度研究】京东组织文化和人才管理的OTC之路 [EB/OL].（2020-07-17）. https://mp.weixin.qq.com/s/BieCW_ZLv_P0_05qnoMlCQ.

言传身教，以身作则

京东通过培训与制度的软硬结合推动了价值观的落实，它们时刻都将"价值观"三个大字放在最显眼的地方。同时，员工为了完成价值观的使命而塑造价值观，虽然这也是执行力好的体现之一，但是否是价值观真正内化于心而产生的行为，公司也无法彻底保证。因此，京东还十分重视管理者的言传身教与以身作则。

刘强东说过，公司谁都可以犯错，只有自己不行。作为京东价值观的符号与践行者，他一直在以自身的行为影响更多人。

刘强东在融资时期曾因为价值观的问题险些与投资人闹掰，甚至差点"丢失"更高的投资额。

第一家VC（venture capital，风险投资）向京东投资后，由于投资方股价大跌不得不将投给京东的钱全部收回来，甚至还让京东背上了200万元的债务，京东不得不寻找新的投资人。2006年11月，刘强东与今日资本徐新会面后收到其1000万美元的投资。保险起见，徐新强烈要求刘强东拿出京东与第一家VC签署的保密协议，看看其中是否"埋雷"。但是，刘强东十分坚决地拒绝了她："保密协议规定不能给第三方看。"两人就这样僵持了一个星期。徐新不得不让步："我不看了，我们团队不看，让我们的律师看可以吗？"律师有权限看合同且不违法，于是刘强东对律师说："你不可以透露合同的内容，你只能告诉徐新合同内容会不会对她股东利益形成损害，只能说会和不会，不能说其他任何东西。"❶律师答应后，保密合同才被刘强东拿出来。

另一件事情是，2010年底刘强东与团队正在宿迁出差，时任老虎

---

❶ 刘强东. 我的创业史[M]. 北京：东方出版社，2017.

基金中国区总裁的陈小红与刘强东在电话中已商议好投资事项，只剩书面合同还没签。与此同时，另外两家香港与上海的基金负责人为了投资京东，相继赶往宿迁将签约合同放在刘强东的面前。

局中人皆知，只要刘强东签下香港或上海任意一家的合同，京东的所获价格会比老虎基金多30%，相当于当时的1亿多元人民币。当团队人员感到为难时，刘强东立刻说："我们京东的价值观第一点是什么？""诚信！"团队人员干脆地回答。

价值观始终是京东在发展时要遵循的底线，商业行为就必须遵守商业道德，必讲诚信。虽然只与老虎基金达成口头协议，但刘强东认为这笔生意已经成了，固然不会再与其他基金机构合作。

"别说价格上涨了30%，就是上涨300%我也不可能同意。"❶刘强东如今也坚持当时的做法，并表明京东无论遇见怎样的困难都会长期坚持这样的价值观。有人说刘强东太固执，但他认为这就是京东做生意的方式和底线——合规即发展。

刘强东的言传身教不仅局限于公司管理人员，更覆盖至广大的基层员工，比如一线配送员。

早在京东创立初期，刘强东就十分注重与一线工作人员交流。彼时，员工因为公司业务繁忙经常加班至深夜。每到晚上9点左右，刘强东就开始招呼大家吃饭喝酒，并敞开心扉交流，这是增强团队凝聚力的方式。公司规模扩大后，刘强东越来越忙，同时基层人员数量剧增，面对面的机会也越来越少。刘强东许下承诺，尽可能抽出时间与一线配送站的兄弟们吃饭交流："在所有管理人员都不在场的情况下，我会带着十几名配送人员一起去吃饭。因为没有区域的管理人员在场，所

---

❶ 刘强东. 刘强东自述：我的经营模式 [M]. 北京：中信出版社，2016.

以他们可以不用避讳地跟我聊任何话题。"❶

2010年年终大会时，刘强东向100多名配送员承诺，在新的一年中请11个配送站的兄弟们吃饭。最终，他到达了7个配送站。在此过程中，他与一线员工有充分的时间交谈，在倾听一线的声音的同时，也分享自己的观念与想法，尽可能解决一线的需求，凝聚众人的共识。而对于还未去的配送站，刘强东也拿出实际行动予以补偿，并答应在第二年补上相聚的机会。

如何形容刘强东对与广大配送员相聚的重视呢？投资人找到他，他宁愿让投资人更改时间，也不愿意对兄弟们爽约。正是在刘强东的坚持下，广大配送人员才能与刘强东无话不谈。"如果我是三年五载哪天心血来潮去找员工聊个天，那恐怕员工也不会真的愿意和我交流。"❶可见，刘强东担心两者有隔阂而产生价值观差异导致一线动乱。刘强东对广大配送员的承诺，不仅给了一线众多员工安全感与稳定感，也让京东价值观深入他们内心，更聚向京东的"家文化"。

因此，广大配送人员不仅将价值观践行于公司业务层面，更延伸至社会，获得社会的一致好评。

2012年7月北京遭遇特大暴雨，京东快递员为让客户更早收到货物，在极端天气之下穿梭在北京大街小巷。在公司没有命令的情况下，京东快递员自发参与北京的抢险工作：背老人、推车、帮忙抢运货物……

2015年，一位老人因为疾病离家出走，在离家26个小时后晕倒在人来人往的大街上。一名京东快递员看见，毫不犹豫地冲进人群，将

---

❶ 刘强东. 刘强东自述：我的经营模式 [M]. 北京：中信出版社，2016.

第 二 章 四 十 万 人 的 共 识

老人背进派出所，让一家人得以团聚。

在刘强东看来，除了形式之外，价值观更是一种言传身教的过程，而不是具体告诉员工应该怎么做。正是通过培训、制度与言传身教的方式，京东价值观才能传承至今。

事实上，京东很多员工会给刘强东写邮件、发牢骚、诉困难，可他们最终还是在京东坚持下来了。这就是员工对公司经营理念与价值观的认同。

第二节
以客户为先

当所有公司都在强调注重用户体验时，它们之间的差异又表现在何处？京东的客户不局限于消费者，还包括供应商、卖家等全方位合作伙伴。在交往中，京东始终以乙方心态与平等关系来对待客户，尊重客户；在工作中，京东时刻贴近客户，全面洞察客户需求，为客户创造更大价值。

⊙ "多快好省"占领用户心智

大多数头部企业似乎都将"客户"放在价值观第一位：阿里巴巴的"客户第一"、华为的"以客户为中心"等。当所有企业都将客户放在重要位置时，它们之间又有怎样的差异？为客户创造的价值是否有不同的侧重？

京东、阿里巴巴、亚马逊是人们经常横向对比的对象，虽然都是世界杰出的电子商务公司，但在商业模式、质量、价格、服务等方面都具有自我个性，而这也在一定程度上决定了三者在对待客户方面的差异性。

在京东看来，无论零售业现在或未来如何改变，顾客永远只会在意三点——质量、价格、服务。因此，尽管京东的商业模式是其核心竞争力，即同时拥有自己的全国性平台、直营系统、市场模式，但是它更聚焦于顾客的体验，即客户为先。

柜台经营的成功密码

京东以客户为先的独特性在创业之初就已显现。不同于"让天下没有难做的生意"起家的阿里巴巴只为第三方卖家提供线上商铺，以实体柜台起家的京东直接面向消费者。因此，京东从创业开始就始终站在消费者的角度思考问题，致力于满足消费者需求、提升消费者的购物体验。

首先在京东的价格与服务方面。京东还在中关村时，市面上特别流行将录像带转换为VCD，尤其在影楼之间，谁家有此业务谁的生意就红火。作为国内最大电子市场之一的中关村成为众多影楼老板前来购买VCD制作系统之地。但刘强东很快发现痛点：首先，该制作系统售价昂贵，利润空间巨大，一般店铺售价为五万元，商家可以赚三四万，造成消费者"大出血"；其次，影楼老板因不会操作此制作系统而扛着设备在中关村四处找人学，而卖家都忙着赚钱根本不会传授使用方法。

"做摄像的经常忘关摄像头，老对着地面拍，回去连掐都不会掐，转成VCD有的连垃圾景都放上去了。"●一位影楼人员说起VCD制作系统的使用感受时这样表示。

为改善顾客购物体验，京东VCD制作系统的标价很低，最贵的系统也才28000元。不仅如此，京东还添加了服务项目，顾客不仅只需交2000元的培训费就可以完全学会自主操作系统，而且还享有京东赠送的十张光盘，含有各式各样的歌曲、图片。

这让京东售卖VCD制作系统的优势大为突出，不少外地人特意到北京来找京东。"老乡家购买了京东的设备，能把垃圾景剪掉，能够编辑字幕，做各种特效……一夜之间生意就火了，门口排着队。"●客户对京东表达了信任。京东解决了顾客最迫切的需求，生意也越来越好。

不只是优化价格与服务，京东还坚持在假货盛行的中关村中坚持质量、只卖正品。2003年的"非典"让实体经济遭受重创，京东开始通过网络渠道销售产品，某论坛版主给京东背书——这家公司是笔者三年以来看到唯一没有卖过假货、水货的公司。●只卖正品，保障质量的长期主义，让京东充分彰显出品牌价值。

可以说，在全面转型为电商前京东一直直面消费者，靠着以客户为先的价值观念树立起了京东的品牌，成为当时国内最大的光磁销售商。

● 刘强东. 刘强东自述：我的经营模式 [M]. 北京：中信出版社，2016.

❷ 刘强东. 我的创业史 [M]. 北京：东方出版社，2017.

电商突围的必循规则

"非典"后，京东全面转型电商，这不仅是公司生存与发展的需求和降低成本、提高效率的有效方式，更是为消费者创造更多价值的绝佳途径。转型初期，京东面临着其余成熟电商的强烈竞争，但它能够实现突围，正是因为一直秉承着对客户的初心，在产品质量、价格与服务方面持续为顾客创造更大价值。

产品质量：客户需求与京东能力的结合

就在京东销售3C产品（计算机、通信与消费类电子产品）如火如荼之时，却拉开了全品类扩张战略的序幕。刘强东发现，京东单一售卖3C产品无法满足消费者多样化的需求，即当消费者在买电子产品的同时又要买其他种类的产品时，必须至少操作两个APP。这意味着购物时间、体验等成本增加，增加了消费者的负担。

因此，京东在2007年启动了全品类扩张战略，从日用百货到图书音像，再到之后的虚拟产品，譬如电子书刊等，为客户打造了购物良好的一站式体验环境。

值得一提的是，为了保障客户的利益和体验，京东在全品类扩张上并未采取求大求全的策略，始终谨记两个要求，即客户是否有需求、京东是否有能力。

不少电商为吸引用户眼球，将各种商品类型的图片都放置在网上，认为用户看了就觉得好。这样的行为在京东看来毫无意义，因为他们没有了解顾客的真实需求，所以不能保证顾客的体验。刘强东曾针对这样的行为坦言："任何品类都是一样的，你必须经过精心准备，做大

量的准备工作才有可能真正做好。"❶

因此，京东通过多种途径对顾客需求进行多层次了解，再评判是否有能力支撑客户需求后，才会对相关品类进行适当扩充。"进入一个新品类，需要大量的人力、财力、精力投入，并且也可能会对现有利益格局有所冲击，所以需要在事前进行大量的调研和准备。"❶刘强东说。

可见，京东在品类扩张上始终将客户放在第一位，并不断加强自身能力建设来确保用户享受到高质量产品。

服务：最快、最可靠的物流

同在2007年，京东还自建了仓配一体的物流体系。当时，公司经常收到大量关于物流的投诉，比如送货慢、货物损坏等。其中，不少消费者因为担心贵重电子产品在途中损坏而放弃在线上商店购买，对物流充满了不信任。可以说，国内物流的高成本、低效率成为京东提升用户体验的最大阻力。

"我们分析后发现，利用当时的社会化物流根本无法彻底解决这些痛点，而且我们认为很多物流公司再过十年也很难改变这一状况。"❶刘强东谈及当时的物流情况。国内物流存在这些痛点，一是国内物流基础配套设施较弱，未形成完善的监管机制；二是我国物流自发展开始就是以快的方式扩张，不少物流点都属于加盟性质，总公司对其掌控力较弱，随着时间的推移，加盟商与总公司在利益方面愈发呈现"剪刀"效应。只有自建物流，才能从根本上解决物流的痛点，提升客户在京东的购物体验，增加消费者对我国物流的信任度。

---

❶ 刘强东. 刘强东自述：我的经营模式 [M]. 北京：中信出版社，2016.

京东搭建仓配一体的物流体系并不是为了和市面上的快递公司一决高下，而是为供应链服务。京东曾做过一项统计，中国每一件商品从出厂到消费者签收，中途至少需要搬运5～7次。❶自创立物流体系开始，京东就以追求极少商品搬运次数为目标，节约中途搬运的时间与成本，让消费者在最短的时间里收到货。

为达成此目标，公司分别在各大区设立仓库，让资源能够在最短的时间内合理分配。截至2021年6月30日，京东物流运营约1200个仓库，仓储网络总管理面积约2300万平方米（包含云仓生态平台的云仓管理面积）。❷正是当初抱有建立如此庞大的仓配一体化规模，京东才敢提出"211限时达"：用户在晚上11点前下订单，最迟在第二天下午3点就能收到货；用户在中午11点前下单，当天就能收到货。随着京东物流组织架构前、中、后台能力的提升，公司也在不断创造更快的速度。这背后体现的是京东强大的管理体系与技术体系，也是京东难以被逾越的护城河。

2015年9月iPhone 6S发售前一天，为在最短时间内将产品送至消费者手中，京东在遵循苹果公司零点后发货约定的同时，在零点之前已根据大数据分析，将上万台iPhone 6S分配至全国近3000个分配站点，一些顾客在下单后15分钟就收到了新手机。

毫不夸张地说，放在国际来看，京东强大的供应链能力，尤其是

---

❶ 刘强东. 刘强东自述：我的经营模式 [M]. 北京：中信出版社，2016.
❷ 魏薇. 持续投入！运营仓库数量达1200个，京东物流2021上半年净亏损15亿 [EB/OL].（2021-08-23）. https://baijiahao.baidu.com/s?id=17088869434042568 68&wfr=spider&for=pc.

物流板块的超强"运作力"也可放置在标杆之列，美国最大的网络电子商务公司亚马逊也不具备如此快速响应的能力。

刘强东曾在一次访谈中说，服务中国顾客是一件极具挑战性的事情。如果客人在京东购买10美元以上的商品，京东不仅会包邮，还会在24小时内送达。而在美国，若顾客想在亚马逊享受如此服务，必须多花100美元购买相关的会员服务，但最快拿到商品也需要两天。如果类似的事情发生在中国，消费者只会认为这是灾难。

而阿里巴巴旗下的淘宝和天猫的快递服务，均由第三方快递公司承担，即便与过去相比效率提升了不少，但他们也未实现京东这般高效率，即实现"最后一公里"。

价格：将大部分利益还给客户

在价格方面，京东也一直遵循着为消费者利益负责的观点。从中关村柜台时期开始，公司就坚持以最公正的价格将产品卖给客户，绝不忽悠顾客。直至今天，京东依然秉持当时的价值观，将大部分利润让给消费者，绝不会卖比竞争对手更高的价格。正如刘强东所言："我们比你卖得便宜，但这不意味着我们比你赚得少。"❶

因此，京东不断优化物流系统、信息系统与财务系统，三者紧密协作，使京东一直保持最低成本产生最大效益的可持续闭环。同时，京东一直秉承"永远不会赚大头"的经营理念，不仅维持了整个电子商务业态的可持续发展，而且还能让利给供货商与消费者。正因如此，公司节约出的成本才能真正支撑刘强东那一番言论。

有人认为京东低价理所当然，因此在价格方面应该一刀切。但是，

---

❶ 刘强东. 刘强东自述：我的经营模式[M]. 北京：中信出版社，2016.

为了对供货商、公司、消费者负责，京东的低价并不是无底线的。

2010年，我国涌现出大量团购网站，行业在极短时间内进行了整合与洗牌，迎来了"百团大战"时期。有人问刘强东，团购的盛行是否会对京东造成影响。刘强东坚定地给出了判断——不会。

消费者选择团购的初衷是以最优惠的价格，享受商家的无差别服务，而京东更偏向于实物性的销售，两者模式特点具有实质性的不同。即便团购以销售实物为主，也很难做到京东这般低价。京东庞大的采购量几乎没有给团购留下盈利空间，在供应商处拿到了最好的价格，消费者也能获得最低的价格。因此，团购进货价很难比京东更低，他们必须以盈利来支撑公司运转，面向消费者的价格也比京东更高。

也有一些电商公司以进价将商品卖给消费者，这在京东绝对不被允许。每一件商品都必须能赚钱，即绝不可能低于成本，这不仅是对公司负责，更是对客户负责。只有形成可持续发展的机制，消费者才能够享受高质量的服务。

刘强东曾谈及京东客户为先的独特性："我们只卖给顾客真货，提供最快的快递服务，这让我们和其他竞争对手都不一样。"[1]

不论是产品、服务还是价格，京东都具有鲜明的"京东味"，它们也成为客户心中独一无二的代名词。京东能够将三者做到极致，这是同行业其他企业难以兼得的。而决定做这一切的出发点皆指向一个源头——只在乎消费者是否满意，并为消费者提供越来越好的体验。

---

[1] 周小白. 刘强东回应京东相比阿里优势：我们只卖真货给消费者 [EB/OL]. (2018-07-17). http://people.techweb.com.cn/2018-07-17/2686808.shtml.

第 二 章 四 十 万 人 的 共 识

⊙ 以"店小二"的态度对待客户

2013年在员工数量激增的情况下，京东为进一步凝聚员工共识，将价值观升级为"一个中心，四个基本点"。其中，一直作为京东价值观核心的"客户"出现在大众视野中。

同年3月18日，刘强东在京东内部的一次培训会上，对公司过去十年服务质量下降的情况进行反思。在京东不断壮大的过程中，公司的客户体验逐渐走向更高的高度，即便一些供应商很久未和京东合作也对公司所获得的成就予以很高的评价。但是，其中也夹杂着一些不和谐的声音，引发了刘强东的担忧："有供应商和卖家反映，在京东，不管是招商、运营，还是财务，一些人感觉很牛，好像他们是在管供应商，服务意识很差。"❶价值观是京东任何人都不能逾越的红线，否则京东将毫无存在的意义。

为扭转此不良现象，京东以"店小二"为参照对象，提出要以"店小二"的态度来对待客户。顾名思义，店小二即餐馆侍者，为了服务好食客，让客人有被尊重的感觉，他们姿态放得永远比客户低。

京东的商业性质远复杂于普通餐饮店。其强大的供应链体系背后需要大量纷繁复杂的流程来做支撑，员工在其中任何一个环节没有做到"店小二"般的态度，都将对京东产生巨大连锁效应。那么，京东应该如何做一名"店小二"呢？

---

❶ 环球网. 京东运营小二被爆向商户索贿 开出各种代买清单[EB/OL].（2013-03-25）.
https://tech.huanqiu.com/article/9CaKrnJzN2u.

尽善服务流程

在整个电商行业，确保用户完美体验的关键点之一是打造全流程"无堵点"的服务。这也是人们在日常购物中期望从下订单开始，后台就能够以最快速度打包配送的真实写照之一。为打通全流程，京东将整个服务过程划分为若干段，再通过信息系统将其拼接，使之成为一个完整的链条。

就京东商城的模式而言，京东在顾客从商城下单之际就已正式开启对顾客的"专享"服务。首先，系统需要确认现有库存能否满足订单需求。若不能满足，系统就会判断产品是否能预定，若不行则直接拒绝客户订单，在第一时间响应客户以节约顾客的购物成本；若能满足，系统则会通过库房距离、货物搭配等维度判断货物的最佳出货库房。

其次，库房端接收到系统指令后，库房系统会精准计算何人、何时、何地运输。因此，货物能够在既定时间内让相关人员确认订单与产品是否完全对等。而在之后的打包环节，系统也会发出最精准的指令，让工作人员匹配最合适的包装。

再者，当货物处于配送环节时，系统同样发挥着"指导员"的作用，将配送车型、时间、停货门等精准规定。货物到达配送站后，信息系统则会帮助配送员规划最高效的配送路线，直到货物被顾客签收，用户可开始对商品或货物进行评价。

而从用户下单到真正收到货物（含退换货完成），其间约有34个大节点，100多个具体的流程动作。❶其中任一环节均会影响到客户的体验。

---

❶ 刘强东. 刘强东自述：我的经营模式 [M]. 北京：中信出版社，2016.

以上只是一般化的流程设定，以求在最大限度上保持服务的整齐划一，但很多情况均具有突发的性质，往往需要依靠人的主观能动性去发现问题、解决问题，甚至将做好的解决方案设定在流程之中，不断优化系统。

尽美"最后一公里"

不只在系统方面具备"店小二"的精神，数以万计的京东人也在践行"店小二"的态度与行动。

刘强东就是其中之一。他将价值观落实到日常行为中，身体力行地表明某一决定的重要性。为了体验配送流程的完善度以及"最后一公里"是否真正让客户满意，他每年都会抽出时间穿着京东配送员的服装，骑着京东的助力车，走街串巷地在基层送货。面对客户对订单产生的疑问，他有条不紊地回答，种种细节体现了他过硬的业务素养。

不只是普通物件的配送，刘强东还参与高奢品牌的配送——京尊达。2018年4月，他再次加入京东配送队伍，此次他西装革履，手戴一双白手套，驾驶着高档轿车，亲自完成全球最知名手表品牌Audemars Piguet的产品配送。此番配送在检验高奢品牌配送的同时，也极大扩张了京东的品牌影响力。人们无需亲自前往奢侈品专柜购买，在京东购买同样能享受到尊贵的服务，性价比更高，为消费者带来更尊贵的体验。

不少人认为："京东不缺配送员，刘强东应该站在更高的层面去看待京东的发展。"刘强东坚持在固定时间体验基层配送，最重要的原因是深度体验客户感受，创造与客户沟通的机会，他说："想知道我们的

用户怎么看待我们快递员。如果用户面对快递员面无表情，不说一句话，说明我们的配送服务体验在下降。"❶

不仅在基层以"店小二"的态度服务客户，刘强东还会以客户的身份检验京东是否做到了"店小二"般的承诺。

自京东推出"211限时达"后，为了检验货物是否准时送达顾客手中，刘强东经常"匿名"卡点在商城内下单。不只是时间的检验，他还会对此单商品、配送态度、快递包装、售后服务等方面逐一检验，并将可改进的部分记下，分享至特定的聊天群中予以探讨并尽快解决，保障顾客的体验更为流畅。

刘强东身体力行践行着"店小二"的态度，也在其中看到了决策的正确性——京东变得更好，客户体验更好。当众多基层员工看见"店小二"的长期效应的"利好"后，也势必将此融入自身基因。

贴心的视觉"导购"

更早一些的时候，京东对电商没有更多深刻的想法，不过是将产品图片与价格放在网页上，总体偏向于单一输出。后来，公司意识到电商需要和客户有信息交互的过程，更好地指引客户在看不见实物的情况下购买商品。于是，产品管理部开始对标国内其他电商，寻找优化空间。京东发现，公司商品页面最大的问题是商品只配有名称与一段简单且枯燥的文字，客户不能从中提炼更多信息。这不仅导致客户购买商品体验感较差，也不利于让京东占领客户心智。

---

❶ 股城网. 刘强东再做配送员 自称每年都会抽出时间亲自配送[EB/OL].（2018-04-10）. https://finance.gucheng.com/201804/3392075.shtml.

之后几个月，产品管理部开始围绕这一短板不断进行优化。不仅对商品图片进行一定程度的美化，更采取快速截图的方式将产品官网的信息运用至京东官网上。虽然员工的出发点是为了给客户提供更优质的体验，但这一举措遭到刘强东直接质问："你没考虑一个问题，截图页面内容过大，用户打开过慢，怎么办？很多用户一打开，就看到多个红叉，体验很糟糕。用户几十万次、上百万次调用商品页面，也给京东宽带和服务器带来巨大压力。"❶

在此点拨下，产品管理部的人员有了更多维度的考虑，并在商品界面上做到更优质，最终让顾客收获高质量的购物体验。

不只是"通话"

如果说产品管理部的"店小二"是京东商城的贴心"导购"，客服的"店小二"则时刻为顾客"排忧解难"。

宿迁呼叫中心曾接听到一通电话。一位本地客户从京东的第三方卖家处购买了进口奶粉，由于卖家选择第三方快递公司发货，7天客户都未收到货物，家中小孩被迫"断粮"。根据顾客提供的快递单号，京东客服不仅查到奶粉在第三方快递公司被积压，还得知由于顾客投诉至该快递公司总部，配送员更不愿意提早送货的信息。

"你要让我自己送的话，至少三天以后，除非你让他自己来拿。"❶快递配送员对客服说。三天，足以引发顾客再次"爆发"。为避免给京东与顾客造成损失，客服决定亲自为客户配送货物。快递配送站距离

❶ 李志刚.创京东——刘强东亲述创业之路[M].北京：中信出版社，2015.

宿迁呼叫中心有15公里，当天下班后，他骑着电动车赶到快递配送站，终于在众多被积压的货物中找到顾客的包裹。晚上8点，他终于将奶粉送至客户。回程路上，天空开始下起毛毛雨，电动车的电也已耗尽，客服只好推着车在雨中前行。深夜12点，他刚踏入家门就收到了顾客的感谢信息：谢谢你，38794（该客服工号）。

虽然完成使命的过程十分折腾，但京东的客服真正解决了客户的忧愁后，换来的就是满满的成就感。

在刘强东初次提出要以"店小二"态度对待客户时，不少员工还不明所以。但在之后的践行中，京东无处不在体现自己"店小二"的身份，始终将自己视为一名服务者，为客户创造更大的价值。

第三节
以诚信为商业准绳

遵纪守法、廉洁自律、不说假话、不故意隐瞒、不信谣、不传谣是京东的底线。信守承诺、说到做到是京东立身、立业、立家之本；客观评价、公正对待身边的每一个同事是京东的根本原则。❶从中关村的小柜台到如今规模庞大的技术公司巨头，京东正是靠着诚信管理，才实现了"正道成功"。

---

❶ 人民资讯. 京东集团：以六大举措推进电子商务诚信建设[EB/OL].（2021-07-15）. https://baijiahao.baidu.com/s?id=1705342861872455343&wfr=spider&for=pc.

⊙ 做人之本，立企之本

"人类要生存下去，就必须回到25个世纪以前，去汲取孔子的智慧。"这是诺贝尔物理学奖获得者汉内斯·阿尔文博士得出的极具哲学意味的结论。即便在经济、科技前所未有发达的当下，作为先秦诸子百家学说之一的儒家思想依旧具备穿越周期、释放强大效应的能力。

诚信作为儒家思想的核心之一，历经世代的传承与发展，不仅成为一种具有普遍伦理意义的道德准则，也成为人类社会经济发展的一道红线。它的深入人心，让平安和谐的社会得以被持续构建，形成良性的"生态"循环。

诚信既是人类的做人之本，也是企业的立企之本。企业是否具备良好的诚信体系将直接影响企业未来的发展。在古代，人们做生意追求童叟无欺，用诚信来树立良好口碑，使其在商业交易中处于有利地位；在信息高度通畅的现代化社会中，诚信更是激烈市场竞争中的"金字招牌"，谁的信誉度更高，包揽更多客户，谁就能拥有稳定的市场。

这一条发展逻辑早已被京东"吃透"。在京东看来，商无信不兴，违背契约精神，触碰诚信红线，无疑是企业的"自杀"行为。自创立开始，刘强东就将诚信作为企业核心价值观的重要组成部分，始终坚守好诚信这一条道德底线。这一决定几乎为京东在未来几十年的发展，在一众互联网企业的"厮杀"中，奠定了突围的基础。

21世纪初的中关村，以"人才""创新"为标签，承载了我国信息技术高速发展的重任，被誉为中国硅谷。这里不仅是国内电子商家的集聚地，也是国内电子产品输出最多的货源地。然而，在之后不到20年的时间里，中关村的电子卖场接连关闭，直到2019年，其最后一个

卖场硅谷电脑城也宣告关闭，几乎所有卖场都走向了转型。^❶

曾经支撑起中关村一片天地的电子城成为历史，很大程度源自电子城卖家的诚信缺乏。刘强东回忆，当时虽然整个电子城假货盛行，但大家不以为意。为了不被商家忽悠，消费者必须兼具识货能力与砍价能力。有时不小心惹怒个别商家，他们还会遭到商家的一顿打。接二连三的负面消息严重损害了"中国硅谷"的形象。

即便"大环境"糟糕，京东也不甘愿与其他卖家同流合污。刘强东深知，真假混卖产品、坐地起价能够让京东在短时间内获得丰厚的利润，但他坚决不违背商业道德，只卖正品、明码标价。但正品成本较高，有时客人谈不拢价格扭头就去其他柜台看，转了一个圈后还是觉得京东定价最合理。同样，因为只卖正品，京东商品的"生命周期"比其他柜台更长。比如光盘不会出现备份数据中途消失的情况，这引来银行客户购买大量光盘储存数据。除此之外，从做柜台的第一天起，刘强东就坚持给客人开发票，以示自家只卖正品，产品出现问题可以随时到柜台咨询。一次，工商局的人在京东柜台查了三天都没有发现任何逃税、水货和假光盘的情况。随着时间的推移与事件的叠加，人们也意识到京东不会坑蒙拐骗，京东的品牌声誉也越来越好。

就当时来看，论价格优势，京东显然不比其他柜台，但刘强东对诚信的长期坚守，让京东能够在中关村中凸显，并由柜台发展为店面，获得更多的发展机会。

面对当时的"清流"之举，刘强东说："刚开始，京东的梦想是抵

---

❶ 北晚在线. 北京中关村硅谷电脑城停业改造近一年 即将变身AI新地标 [EB/OL].（2020-04-16）. https://baijiahao.baidu.com/s?id=1664109973863708714&wfr= spider&for=pc.

第 二 章   四 十 万 人 的 共 识

御中关村的商业乱象，用走正道、树诚信的方式获得成功。"❶

如今，京东涉及电商、数科等众多领域，面对更多诱惑，可它依旧初心不变，坚守诚信，在中国乃至世界塑造出一家"值得信赖"的企业，让京东赚的每一分钱都是干净的。坚守诚信的价值观，不仅持续让京东赢得尊重，也持续为客户创造出更多价值。

2015年，刘强东在内部信中再次阐明诚信对于京东的重要性："我们没有背景、没有资源，完全依靠兄弟们白手起家，一路走来，诚信是京东唯一的立足之本。"❷

将诚信作为发展底线，除了坚守商业道德之外，刘强东在孩童时期的教育也扮演了重要角色。

20世纪80年代，当大部分人还未有创业来发家致富的概念、视"铁饭碗"为骄傲时，刘强东父亲却辞去稳定的工作，毅然踏上创业之路。学生时期的他经常看见父母如何与别人谈生意，他们最常挂在嘴边的词就是"守本分"。父母运船时也经常告诫他不允许偷船上的货物，哪怕是一个棉花粒，若想要什么，就只能用钱买。正是对诚信的重视，刘强东一家成为村中口碑最好的人家。因此刘强东回忆起当时："做生意的圈子很小，买来买去，钢厂就那么多、发电厂就那么多，谁好谁不好大家都知道。"❸在很大程度上说，刘强东做生意的理念也源自父母，父母为人处世的方式已融入刘强东的"DNA"。

❶ 蓝鲸财经. 刘强东在老员工日发内部信，宣布京东集团使命升级[EB/OL].（2020-05-20）. https://baijiahao.baidu.com/s?id=1667169554328774352&wfr=spider&for=pc.

❷ 电子信息产业网. 牢记使命，勇敢前行——京东12周年寄语[EB/OL].（2015-06-18）. http://www.cena.com.cn/infocom/20150618/66934.html.

❸ 刘强东. 我的创业史[M]. 北京：东方出版社，2017.

因此，诚信对于刘强东而言，不仅是做人的底线，也是企业发展的根，若根不正，其树叶与枝干也难以延续，企业的生命也就此终结。

⊙ 诚信当前，非黑即白

不论是成长环境还是商业道德，刘强东对诚信的态度始终明晰——非黑即白。"这是京东的一条红线，谁也不能碰。这就像一个潜藏的地雷，无论是谁，只要碰到肯定会炸。"[1] 刘强东的话语足以体现出京东对违规零容忍的态度。因此，遵纪守法、廉洁自律、不说假话、不故意隐瞒是京东最基本的要求，若员工违背其中任何一项原则均无立锥之地。

京东虽然没有对总监级别以上的高管进行硬性的考勤规定，但在年底与升职加薪时会对员工进行综合分析，其中就包含以往的考勤记录。曾经某位高管为追求完美考勤而两次让秘书代替打卡，其中有一次是送孩子上学。刘强东得知此事找到该高管确认，并立即将其"请"走。因为，当他让秘书代替打卡的那一刻开始，就已经无视了京东价值观红线。

京东也曾因为一个几百元的箱子而开除副总裁。一次，某副总裁接受了供货商赠送的300元左右的箱子，公司接到举报并核实情况后最后也将其开除。刘强东说："在京东，只要有人说谎被我发现，哪怕他是副总裁，我也一定会将他开除。"[1] 尽管他能力十分突出，但是价值观的不一致最终未能让两者共同牵手。他不仅年薪高达150万元，还拥

---

[1] 刘强东. 刘强东自述：我的经营模式 [M]. 北京：中信出版社，2016.

有京东的股票，因此并不认为收下300元的箱子就是贪污，如果是30万元或者更高，他才会意识到这是供应商在贿赂。

除此之外，京东内部也不允许员工在没有和行政部门与直接上级备案的情况下私自与供应商吃饭。一位大家电仓储管理人员，因为与供应商在大排档吃了几十元的螃蟹粥而被另一家供应商举报。经查实，公司不仅开除了这位管理人员，还罚该部门5万元，作为举报人的奖励。

对于给公司造成极其恶劣影响的贪污腐败行为，京东更是"赶尽杀绝"，不仅让警察直接来办公室带走涉案人员，还通过官方公告将其实名公布。这些举动足以让员工得知违背诚信不是一件零成本的事情。

京东商城服饰家居事业部、奢侈品部总监栾某就曾利用职位权限，不仅让家属实际控股的公司与自己管理的部门进行合作，进而违规获利，还收取其他供应商的商业贿赂。他不仅直接被公司辞退，还因涉嫌"非国家工作人员受贿罪"，在办公室直接被警方带走，并被刑事拘留。❶

京东商城消费品事业部POP运营岗周某，与生鲜事业部POP运营岗石某，利用职务便利接受商家商业贿赂，并帮助商家违规作废促销缴费单、进行上线促销活动。两人同样因为违反京东内部的反腐条例，不仅被辞退，周某也因涉嫌"非国家工作人员受贿罪"直接在办公室被警方带走，并被公安机关行政拘留。❶

由此可见，京东在诚信面前的界限感极强，尤其是涉及行贿腐败的行为。而如此分明的界限感很大程度源自刘强东的曲折经历。

自小生活在农村的刘强东深知农民的困苦，也看见诸多社会不公

❶ 鲁克德. 京东人力资源管理纲要 [M]. 北京：华文出版社，2019.

现象。为营造更公平的社会发展环境，刘强东考上中国人民大学并立下从政的愿望。

大四时，他利用自己赚得的20余万元在海淀图书城与人大西门之间盘下了一家四川餐馆，希望将其做成一家知名的连锁店，开始了创业。然而，由于管理不善，餐厅员工的腐败行为让刘强东不得不终止此次创业。

为了提高员工生活标准，刘强东不仅给员工提供双倍工资，伙食也是顿顿两荤一素，餐厅员工"幸福指数"直线飙升。可是，创业还不到半年，餐馆就出现了经营的问题。

当时刘强东正忙于毕业事项，基于信任将店里的事务委托给员工打理。未曾料到，负责收银的女员工与厨师谈上恋爱，为了贪污，他们联合将账本撕去。餐厅采购员情况也不容乐观，按照餐馆规定，采购的食材量控制在三天内，若三天之后没有卖出去必须扔掉。为了贪"量大优惠"的小便宜，采购员每天购买高于规定量的食材，而优惠的钱就被其收入囊中。为了让餐馆保持运营，刘强东不得已向父母与亲戚借钱。短短一年，这家餐厅就从赚钱到亏损近20万元，刘强东心寒地关掉了店面。

腐败贪污的社会事件坚定了刘强东反腐的决心。尤其像京东这般体量的公司，只要内部滋生了贪污腐败的苗头，若不有力打击，必将以肉眼可见的速度稀释京东的价值观，让京东失去立企之本。

因此，在诚信的界限上，京东不能左右摇摆，正如刘强东所说："如果公司怀疑你贪了10万元钱，就算花1000万元调查取证，也要把你查出来，把你开除，有人说这是报复心态，不是我狠，因为你做的事情完全违背了我的价值观，颠覆了我的梦想。我小时候看到贪污腐

第 二 章 　 四 十 万 人 的 共 识

败对人性的不尊重，对人们的不平等，令我震撼，让我一辈子都不能容忍腐败。我不能做，也不允许你们做，除非你们离开公司。"❶

⊙ 以体系助力诚信

如果说大学时创业的失败经历让刘强东怀疑人性，倒不如说这更让他懂得无制度的制约与缺失的管理，才是这场悲剧的始作俑者。尤其是创业失败后在管理高度精细化的日企工作期间，他意识到只有在公司内部建立强大的管理体系与制度规范，并设立明确界限，才能有效遏制住"恶魔"之芽在人心萌发。客观而言，腐败并不能杜绝，京东也只能以"冰冷"制度将腐败控制在最小的范围内。

有腐必反，有贪必肃

在内部打击腐败的问题上，京东一直秉承着有腐必反，有贪必肃，在内部营造出不敢腐、不能腐、不想腐的机制。

早在2007年，京东专门招聘了一批监察人员来"揪出"挑战京东价值观底线的员工。违规员工轻则罚款被公司辞退，重则直接立案且被警察带走，绝不留情。

一次，监察人员根据匿名投诉锁定了涉及贪污腐败的人员，在之后一个月内展开了秘密调查并侦破案件。最后，该涉案员工被判刑。个别因为触犯诚信条例被开除的员工及家属找到监察人员求情，与"怜悯"对抗后，监察人员依旧坚守职责，守住原则。被监察人员严厉

---

❶ 李志刚.创京东——刘强东亲述创业之路[M].北京：中信出版社，2015.

查处的事情每年都会发生几次，以致员工一听到监察部门，周围的空气也似乎凝固起来。

虽然行正义之事，但由于"砸"断了某些人的利益链条，监察人员也没少收到威逼利诱的信息，这极大程度考验了他们的心理素质与职业素养。

2016年，京东整合资源，正式在公司内部设立了一个调查商业贿赂、欺诈等腐败的专职部门——"内控合规部"。该部门依据《京东集团反腐败条例》展开工作，拥有集团唯一的腐败调查权，可向京东集团CEO直接汇报。他们不止负责日常的反腐工作，还要负责信息安全的调查以打击网络犯罪，京东的反腐机制再次升级。

当然，反腐并不只是监察人员的职责，而是需要全体员工、客户共同联手，将反腐反到底，营造业内良好风气。

不同于监察人员，员工与客户在反腐上有更多顾虑：是否会泄露身份遭到涉案人员的打击或威胁。为打消类似顾虑，鼓励员工与客户敢于举报违规活动，京东在2016年出台了《京东集团举报人保护和奖励制度》，对举报人的概念、举报范围、举报渠道、举报要求、对举报人的保护、对举报人的奖励等方面进行了相关的阐述。

在举报渠道上，人们可通过电话、电子邮件与信函等方式举报。

在对举报人保护上，京东明确保密工作是内控合规部的首要任务，举报人的个人信息与提供的相关资料均严格保密，若合规部相关人员泄露举报人信息将从严处置，情节恶劣者将追究刑事责任。同时，京东也向人们传达出，内控合规部是一个具有高度职业素养的部门，当举报人遭遇任何程度的打击报复时，需要在第一时间联系合规部门。

在给予举报人的奖励上，由于实名举报有利于反腐问题的高效解决，京东将根据线索的具体情况给予 5000 ～ 10000 元不等的现金，若提供非国家工作人员受贿案件且被警方定性为刑事案件，奖励金额最低为人民币 5 万元。

除为个人举报者提供保护之外，京东还主动向合作伙伴举报提供多种保障。比如为合作伙伴提供豁免权，即无论其主动或被动向京东员工提供不正当利益，若主动向京东说明情况，可维持原有合作关系并不再追究责任与处罚，同时保障未来业务健康可持续发展。在举报奖励上，京东也会依照线索具体情况奖励 5000 ～ 10000 元不等的奖金，甚至是相关的广告资源。

为对外宣传反腐，京东的合规部门不仅每年会走访大量供应商，向他们介绍京东内部举报流程，还要求与所有供货商签订反腐协议，即供货商向京东员工行贿，就必须承担 10 倍或当年交易额 30% 以上的惩罚。高昂的行贿成本让不少试图涉险的供应商三思而后行。在此方面，刘强东态度直接："我永远不和这家供应商合作，不给他二次机会。" ❶

反腐协议与《京东集团举报人保护和奖励制度》让员工与合作伙伴进一步融入京东的反腐机制中，逐渐形成不敢腐、不能腐、不想腐的氛围。一次，一位供应商向京东某总监暗示如果能继续合作就给他30 万元。总监十分坚定地说："老哥，该怎么正常合作就怎么推进，如果再这样说，我们就别合作了。" ❶

虽然少数供应商想尽方式"通融"，但绝大部分供应商坚守反腐的契约精神，同时也举报了不少京东内部利用职权的事件。两者的制衡

---

❶ 李志刚. 创京东——刘强东亲述创业之路 [M]. 北京：中信出版社，2015.

让京东反腐机制效应凸显，反腐成果明显。

为持续攻克公司、行业反腐问题，营造"正气"，2017年，京东还采取了其他两大措施，为诚信反腐注入了新的能量。

2017年2月，京东倡议并联合腾讯、百度、小米等多家公司共同发起成立"阳光诚信联盟"，旨在通过互联网手段共同反对、打击腐败、欺诈、假冒伪劣与信息安全犯罪，在提升企业诚信治理水平的同时也能够打造出更加"纯粹"的商业环境，形成人人廉洁、诚信从业的正能量循环。

针对职场诚信缺失与有效监督机制的缺乏，"阳光诚信联盟"企业成员共同发表反腐宣言——拒绝录用失信人员，即让违规人员无处安身，进而建立一种让员工不敢失信、不想失信的约束机制。而其背后的机制支撑，就是职场诚信档案共享。职场如同一个小社会，在职场建立诚信约束机制，打通各企业之间的诚信渠道，形成让守信者受益、失信者受戒的社会风气，在维护职场环境单纯的同时，也净化了社会上的不良风气。

不仅如此，"阳光诚信联盟"企业成员还会以举办峰会的方式邀请中国人民大学、最高人民检察院等多家权威单位，一同分享、指导企业在打击腐败、建设合规体制方面的成果，共同推进企业诚信的治理。

就在"阳光诚信联盟"宣布成立的第二个月，京东再次颁布反腐政策——《京东集团廉洁奖励施行办法》，其中明确规定，在拒收商业贿赂方面表现出色的员工可获得高额奖励——资金高达拒收商业贿赂金额的50%。❶

---

❶ 萨傲审计俱乐部.【学习】《京东集团廉洁奖励试行办法》[EB/OL].（2017-03-31）. https://www.sohu.com/a/131294315_489979.

第 二 章　四 十 万 人 的 共 识

2017年，京东商城居家生活事业部某员工发现自己账户中多出5万元。查看转账记录后，得知汇款人是前几日刷单被处理的商家，对方在转账中表示希望该员工灵活处理，事成之后还会再汇5万元给他。员工立即将钱退回，并在有效时间内将此事告诉上级。得知情况后，京东不仅给了他丰厚的奖金，还将此供应商拉入京东供应商管理黑名单。

正如任正非所说："高薪不能养廉，要靠制度养廉。如果员工假积极一辈子，那就是真积极。"❶在不能从根源遏制腐败时，京东也只能通过制度等外力辅助的方式最大化减少违规事件，保障京东价值观的恒定性。

从根源上遏制腐败

机制就是管理人性，它能在一定程度上熄灭人类内心的"火苗"，但只要内心存在"欲念"，一旦人们发现机制漏洞就会在1%的概率上"下功夫"。因此京东在制定硬性反腐制度上更希望员工自律，从根源上遏制腐败的"诞生"。

京东会在内部开展不同形式的诚信文化培训与活动，潜移默化地将诚信更深刻地融入员工DNA，即便制度不复存在，员工内心始终有一把界限分明的标尺——合规即发展。譬如，内控合规部有专职培训、宣讲人员，他们每年会两次前往采购、配送等高风险部门做培训，说明《刑法》规定，还会前往各个大区为供应商做培训，打消供应商"不送钱就不合作"的顾虑，说明京东选择供应商是通过价格评估、服

❶ 黄卫伟. 以奋斗者为本：华为公司人力资源管理纲要[M]. 北京：中信出版社，2014.

务质量、诚信等维度挑选出来的。

除此之外，京东还会举办创新性的反腐活动来加强员工的自觉性。2019年3月，北京市第一看守所迎来一支特殊的队伍——京东云公共业务部参观团。此次意图十分明显，即京东让员工切身感受监狱人员的生活，在体验违规后果的同时提升员工的诚信意识。

参观团在狱警的带领下穿过清冷的铁门，置身监区，听着狱警讲解着监区的制度。沉浸式的体验让员工意识到踩踏法律红线的高昂成本。参观监区之后，参观团在看守所的荣誉室观看了廉洁警示的教育影片，内心更明白违规会对自己、家庭、公司与社会，造成难以磨灭的影响。

透过京东，一家企业对待诚信的坚定态度清晰可见。为什么它能将诚信深入每个员工的内心？为什么它能够成为商界的反腐代表？这些答案都可以从京东发现。

在诚信管理中，京东表现出极强的魄力，不惜成本养人反腐、引入问责制，让管理更加规范透明。这为提升公司内外部人员主动举报意识营造了安全的环境，这让人们敢于在发现端倪时，勇于与正义同道，杜绝公司内部"毒瘤"，维护公司的良好形象。

另外，不只是制度，京东还透过"软"的方式让员工在诚信方面更自律。这如同齿轮只有大小紧密结合，才能运转得最快，发挥出更具影响力的效能，诚信管理亦是如此。

第 二 章 四 十 万 人 的 共 识

重新定义
京东

第三章

超级链接

组织是企业管理的重要课题之一。随着京东规模扩大与外部环境演变，原有的组织架构难以实现企业的动态平衡发展，只有升级组织框架才能适应公司发展的新形势，为企业的高速前行提供环环相扣的齿轮。为此，京东围绕拥抱变化、追求简单、持续高效的三大特性，让组织推动公司整体发展。

第一节
拥抱变化

拥抱变化是京东组织变革的特性之一。成立20余年来，京东视变化为常态，不断根据企业发展与环境变化调整组织架构，实现组织从游击队到正规军、从传统科层式到灵活积木式的进阶，为京东整体发展带来强大内生动力。

⊙ 从游击队到正规军

在一众互联网科技企业中，似乎没有比京东起点更低的创业团队。横向比较，阿里巴巴"十八罗汉"、腾讯"五虎"、百度"七剑客"，每一个初创团队中都镶嵌有互联网基因且是高学历的人才。但在京东决定从实体转型电商时，团队几乎不具备互联网、高科技等概念。纵向相比，以零售柜台起家的京东是在公司逐步发展中，依据战略发展需要逐渐累积相应人才，是一个从无到有的过程。究其根源，京东与其他公司背后最本质的区别是初创时期商业性质的不同。

草根打天下

1998年，京东仅是中关村内一个不起眼的小柜台，在很长一段时间里，从进货、拉客、销售，再到售后服务等全流程只有刘强东一人打理。直到京东打响了名号后，他才开始逐渐招聘员工分担庞大的工作量。

在员工招聘方面，刘强东有独到的认知。出身农村的他，为了创建一个更公平公正的发展环境，他毕业后毅然决定创立京东，希望能够给相同境遇的人带来更多机遇，以此对社会产生影响。

因此刘强东早期招聘的员工普遍属于草根阶层。虽然刚加入时学历与专业水平不够突出，但是个个都是吃苦耐劳、能够"打仗"的人。之后有投资人开玩笑说，刘强东就像一头狮子带着一群绵羊打仗，打着打着绵羊就变成了狼。

京东员工张奇就是其一。16岁那年，他在毫无背景的情况下加入京东，十分珍惜在中关村这般繁华的地带工作，因此在工作中十分"卖命"，并成为刘强东当时最重要的左右手。彼时员工工作、物质条件都较为艰苦，大家拿着八九百元的工资，从早八点一直干到晚十点，几乎没有休息日。为了省钱，大家就挤在一块合租，日子过得有滋有味。

此时，刘强东与员工的关系相比"雇佣"更似"兄弟"，刘强东像是兄长，在生活与工作上时刻关注着他们。在京东前景并不明朗时，

第三章　超级链接

一位员工因家庭变故急需大笔资金,刘强东知道后立即从一笔刚结的货款中挤出了5万元给他。这一举动让员工内心受到触动,更铁了心要跟着刘强东干。员工之间亦如此,大家一同战斗在前线,互帮互助,这让京东的兄弟文化更加浓烈。"有情有义"让他们打心底认为京东与其他公司不一样,当有人说京东不好时,他们还会与其争辩。

就是在草根阶层、充满战斗力的团队拼搏下,京东才能够完成创业的积累期,成功转型电商,以极快的速度完成用户、资本与团队的原始积累,逐渐走上快速发展的轨道,让京东成为电商行业中的一颗耀眼星星。

但是,随着京东发展规模的扩大与业务的延伸,草根阶层的短板也逐日显露。刘强东每分享一个好点子时,员工很难跟上他的思维。一次,刘强东要求京东的优惠券必须在15日以内报废,但此事一直没执行,这让性格急躁的他屡次发脾气。员工不理解地询问才得知,如果不限制优惠券的使用期限,顾客只会把它一直搁置在卡包中,根本不使用。只有设定期限,消费者才能在短期内用掉,这样一月一次购买就变成了两次购买。

类似的事情,还有很多。刘强东意识到,尽管员工业务能力很强,但并非每个人都能跟上公司发展的速度。同时,随着员工数量的增加与公司规模的扩大,公司的管理难度与日俱增,管理模式也亟待优化。游击队般的组织形式与作战方式并不是支撑京东运转的长久之计,刘强东开始思考从外部引进人才。京东要实现健康正向的发展不仅需要熟悉内部业务、资源、能力的管理者,还需要熟悉外部市场需求、行业走向、技术演变等专业管理者,从而赋予京东更多能力。

第一批职业经理人

2007年，在顺利获得第一轮1000万美元的融资后，风险资本为京东打开新世界大门的同时，也引进了京东第一批职业经理人。❶大量综合型人才逐一填充了京东曾经的空白地带——中高层。自此，这家起于草莽的公司开始由游击队逐渐朝着正规军的方向演进。

在引进职业经理人方面，刘强东为了不"打击"老员工，坚持新员工工资不能比老员工高。当时刘强东每月工资是一万元，这意味着新员工的工资封顶也只有一万元，不及其他公司高管的一半薪资，很难吸引高精人才。刘强东的考虑是，虽然薪资少不能立即吸引人才，但更能汇聚价值观一致的人。

为了帮京东找到更优质的管理人员，徐新说："要不工资两万元，今日资本付一半，京东付一半，先试用一下？"❶正是在这样的背景下，陈生强、肖军、王笑松、徐雷等第一批职业经理人陆续进入京东。

作为中国电商最早用户之一的陈生强被很多人问："与其他抛出橄榄枝的公司相比，当时为什么要加入还不起眼的京东？"他加入京东的缘由不仅是看好未来电商行业的发展，更看好刘强东。当他第一次在苏州街的办公楼见到外表温厚、内心具有强大能量，且一心想构筑伟大企业的刘强东时就认定，京东是他要去的地方。进入京东后，他立即接手了财务总监的相关事项。由于当时京东并无副总裁，作为总监的他直接向刘强东汇报。

优秀的人总是相互吸引，陈生强一直是刘强东欣赏的人才：不仅

---

❶ 李志刚. 创京东——刘强东亲述创业之路[M]. 北京：中信出版社，2015.

有中欧国际商学院背景、为人低调、只干实事，而且长期待在国内企业，对很多事务有独到的见解。

熟悉京东的业务后，陈生强发现京东在处理"爆仓"问题上不断"挖坑"。彼时，京东频频爆仓，几乎每爆仓一次就会增加人员。在陈生强看来，京东规模增长已呈现不可逆转之势，只靠增加人手的方式来发订单只会将京东"耗死"，除非在运营效率上进行优化。

于是，陈生强开始在整个公司召开经营分析会，并带着团队从运营角度展开项目执行。从分析数据、搭建分析框架，整理出 1000 多个指标（80% 以上是业务指标），把相关运营系统做起来，让公司可以从横向、纵向比较运营效率的差异。比如，根据不同区域打包人员的人效差异，公司可以通过系统或其他手段知道造成差异的原因。之后，京东每个月都会召开一次经营分析会对相应的数据进行分析，并且还会对上月所做的决策进行盘点，让京东的运营效率在最大限度上保持最优。❶ 不仅为公司节省了大量成本，还提高了发货效率。

刘强东与徐新的识人眼光很厉害，陈生强与京东的"化学反应"令人惊喜，他一路从财务总监、财务副总裁、京东首任 CFO，再到之后京东数科的 CEO，让京东的运作发生了不少变化。在京东的这些年，他在公司的财务管理、投融资、系统化建设、管理整合与优化等方面成绩斐然，建立京东集团经营分析体系，为集团的高速发展与健康运营做出了杰出的贡献。❷

其中还有一个小插曲，2013 年京东上市之际，陈生强认为自己已

❶ 李志刚. 创京东——刘强东亲述创业之路 [M]. 北京：中信出版社，2015.

❷ 蓝媒汇. 除了刘强东，京东还有"另一强" [EB/OL].（2020-07-04）. https://baijiahao.baidu.com/s?id=1671289752697542951&wfr=spider&for=pc.

践行了对刘强东的承诺，希望在实现财务自由后提前退休，但隐退失败。刘强东在一次会议上提出想要进军金融板块，问在座的谁愿意牵头负责。陈生强没有举手，但刘强东直接将这件事情"丢"给了他。于是他以京东金融CEO的身份在京东开创了另外一番天地——将京东金融培育为估值2000亿元的新独角兽。

2021年1月19日，陈生强以85亿元人民币财富名列2021胡润中国职业经理人榜第15名。有趣的是，他作为首位加入京东的职业经理人，在短短的两个月就让刘强东尝到了职业经理人的"甜头"。之后，刘强东不仅让徐新多找几位像陈生强这样的人，其薪水也全部由京东"买单"。

职业经理人进入京东后，他们将从业多年所获得的大量经验与方法应用于京东，让京东的管理流程更加规范，从部门规划、基础制度，再到信息系统的升级改造等，无一不在积蓄更大的能量。

而另一面，在职业经理人进入京东期间，老员工与职业经理人也常常发生"碰撞"。一些老员工认为自己在京东"卖命"工作，结果还是比不上外面的人。以前大家都能给刘强东发邮件，但现在必须依照规定层层上报，不少人难以适应。也有一些职业经理人虽然来了，但适应不了环境，离开的比比皆是。

事物的新生常常伴有"阵痛"，在从游击队到正规军转变的过程中，阶段性的磨合也无可避免会产生一定程度的损耗。这对京东既是一种机会，也是一份考验。

就机会而言，新旧模式的和平过渡能让京东兼具更开放、广阔的视野和敢拼敢打的精神，让内部在组织、业务等体系方面更具有竞争能力，从而加大京东奔跑的马力。就考验而言，刘强东在京东发展前

第三章 超级链接

期个人色彩过于浓烈，外界更是以"无刘强东，无京东"来形容刘强东在公司的绝对主导。因此，习惯于亲力亲为的刘强东是否能够与正规军完美匹配是一个巨大的考验。

⊙ 裂变与进阶

自京东开始朝着更正规化的方向前进后就引入了职业经理人：陈生强、徐雷、王笑松、沈皓瑜、蓝烨等。虽然他们个性不同，但都具有最符合当时京东对人才期望的特质。相比人才，京东的组织架构在这个阶段相对"沉静"。这在很大程度上体现出当时京东最大的问题——业务建设远远跑在组织建设之前。

但随着外部环境的更迭，京东也根据实际需要，拉开了组织变革的序幕。

拉开序幕：事业部是趋势

2004年以前的京东还只是一家售卖电子产品的实体公司，即便在北京布局着几家连锁店面，但实际规模远不能与现今相提并论。由于规模较小，京东并没有严格的组织架构，员工像砖头一样，哪里需要哪里搬。2004年，京东的业务全面从线下转移至线上开启了电商之路。随着品类扩充、自建物流等业务的布局，员工人数也随之增长，同时职业经理人的引入让京东的管理层级结构更加明晰，公司逐渐形成了职能型的组织结构。

彼时，公司基本按照职能来组织部门分工，但凡承担相同职能的管理业务及人员都集中在一起，并设置相应的管理部门与管理职务。

在京东，对应的则是产品、研发、测试等部门。此组织结构在特定的条件下的确让京东内部实现了高效运转，但随着时间的推移，它逐渐显露出弊端，一度成为公司正向前进的瓶颈。

一名京东的技术人员说："当我们产品线和项目多了以后，人也多了，要分优先级就非常复杂，沟通也要非常多，部门协作就很困难。"❶2009年年底时京东仅有2000多名员工，2012年京东由于业务增长需要，员工人数激增，发展到2013年时员工人数在向10万逼近。❷在旧有的组织结构下，京东内部运转已受到阻碍，不仅沟通壁垒渐增、协同能力下降，响应能力也遭到削弱。若京东无法保障一以贯之的高效率、低成本，又如何真正做到为客户服务？

京东的组织架构变革迫在眉睫，组织建设也成为公司焦点。2013年，京东拉开了组织结构调整序幕，并在不断发展的进程之中对其优化，使其为公司的稳健发展提供核心竞争力，促进战略布局的实现。

3月，在完成"一个中心，四个基本点"价值观梳理的同时，京东也开始通过资源整合的方式，由职能型组织结构转变为事业部组织结构，在公司内部设立了三大事业部——营销研发部、硬件部和数据部。就具体职责而言，营销研发部不仅要负责管理前端的网站、零售系统、营销系统，还需要负责供应链系统与开放平台；硬件部则主要根据订单流程，负责京东从配送、客服到售后的管理；数据部则主要负责京东整个系统的数据流。❸

❶ flyingleo 1981.【CTO论道】京东商城李大学：京东研发团队管理经验谈[EB/OL].（2013-09-09）. https://blog.csdn.net/flyingleo1981/article/details/11488561.

❷ 刘强东. 我的创业史[M]. 北京：东方出版社，2017.

❸ 郭云贵，薛玉平. 京东集团组织结构变革的动因与启示[J]. 管理工程师，2021，26（1）：20-24.

第 三 章　超 级 链 接

相比职能型组织结构，事业部型组织结构意味着不同事业部都有各自的产品、市场、客户等，他们可将这些要素重新组合。每个事业部都有独立的生产、研发或销售等职能，跨职能协调性明显增强。同时，各事业部有权对部门未来的发展进行规划，不仅可以充分激发事业部经营管理的积极性与创造性，还能让公司高层不具体拘泥于日常经营的繁杂事项，形成有力的决策性机构。

面对瞬息万变的市场，事业部对于公司来说是一种更"灵活多变"的组织结构，类似于"小单位"的组成，它在面对市场突变时能够迅速采取措施，具有高度的稳定性。此三大事业部的成立仅是变革的开端，它代表着京东组织改革的趋势是向事业部前进。

集团"一拆四"：培育新独角兽

彼时京东还有一些急需在组织归属上"拎清"的部分。一直以来公司不断通过创新在业务、产品、服务方面构建更广阔的发展空间，比如金融、物流等均是业务创新的体现。它们虽然发轫于京东特定业务板块，但随着业务的向好发展也释放出更多闪光点，甚至成为公司重要的增长极。若要将其塑造为新"独角兽"，京东必须建立更合适的组织结构，为它们提供发展动能。

腾讯与京东在2014年3月正式宣布战略合作。京东不仅收购了腾讯B2C平台的QQ网购、C2C平台的拍拍网100%的权益，还获得易迅网的少数股权。更重要的是，京东还得到腾讯提供的微信与手机QQ的一级入口位置以及其他主要平台的支持。同样，腾讯也将获得京东15%的股份，时任腾讯总裁刘炽平加入京东集团董事会。❶

京东与腾讯的强强联合，让外界察觉到中国电商格局将为之改变。在众人关注之际，2014年4月，京东宣布实施"一拆四"的架构改革方案，设立子（集团）公司和事业部，分别是在京东集团下设京东商城集团、京东金融集团、拍拍网（子公司）和海外事业部。❷

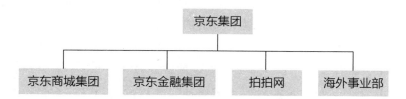

这是京东整合腾讯电商后首次对内进行架构调整，且均基于业务多元化，以及管理所需的内部虚拟组织划分，充分发挥各业务模块的独立性、灵活性。

京东金融：不同于商场的管理逻辑

首先是京东金融与京东商城的差异化。

最初，京东金融仅是京东商城B端供应链中的一块业务。2012年，京东的供应商已经超过一万家，但是不少供应商，尤其是传统的生产

---

❶ 第一财经. 腾讯2.15亿美元入股京东 占上市前股份的15%[EB/OL].（2014-03-10）. https://www.yicai.com/news/3561038.html.

❷ 靳书阳. 京东一拆为四：子公司金融业务独立发展[EB/OL].（2014-04-04）. https://tech.sina.com.cn/i/2014-04-04/11329299579.shtml.

制造企业的资金几乎一直处于紧缺状态，以致没有足够的资金去研发与创新。这不仅影响供应商的正常发展，更会让整个行业的发展处于不稳定的状态。若中国零售业想要保持持续且正向的发展，京东作为商业供应链中的重要一环，有责任与义务为供应商提供一定的金融服务，为其提供资金支持。

为了帮助供应商加快资金流转，京东商城与中国银行北京分行签下战略协议，共同为京东的合作供应商提供金融服务。京东供应链金融服务也在2012年11月27日正式上线。2013年下半年时，在银行逐渐无法提供适应中小企业需求的供应链金融服务时，京东金融依靠一张保理牌照，开始朝着供应链金融业务的方向发力。

期间，京东金融与京东商城的发展并没有被严格划分开来，管理亦如此。但从根本上说，商城与金融的管理模式需要区分。商城讲究效率与成本，它更需要科层式的管理与严格的管控。而金融偏向创新，更需要市场化网络组织的设计方式，需要更开放、自主的管理模式。若用一套管理体系来掌控两者未来发展，对其中任何一个来说都是"枷锁"。

刘强东也意识到这一点："之前京东商城和京东集团是混在一块的，我没有集团和子公司的概念，比如京东商城管了京东金融，等等。"❶可见，京东的结构较为混乱，重新梳理迫在眉睫。京东在高速度的发展下也面临着如何梳理、任命以及进行大量的组织结构、人事、业务规模调整等问题。

历经集团商讨，京东金融与京东商城正式被划开，两者皆以京东集团子集团的身份，构建相应的内部组织架构，并制定与执行公司的

---

❶ 刘强东. 刘强东自述：我的经营模式[M]. 北京：中信出版社，2016.

发展战略。在此战略下，京东金融不仅能够为供应商提供稳定的资金支持，还抢先在行业内推出京东白条，满足消费者购物时资金暂缺的情况，填补了"先购物、后付款"市场的一大空白，成为行业的效仿对象。当年"6·18"，京东白条客户分期的客单价比非白条用户购买的客单价要翻接近一倍。❶

拍拍网：与淘宝正面角逐

其次是子公司拍拍网的成立。早在2004年，腾讯就创办了拍拍网，这几乎与阿里巴巴创办淘宝网同期，两者性质均是C2C电商平台。但是，拍拍网与淘宝网的发展在后期差距越来越大。腾讯的业务"蛋糕"很大，它只视电商为一种机遇，成功了是一个增长极，失败了也无妨，拍拍网也就是在此情况下诞生。而阿里巴巴视淘宝网为全部，为其调动了公司所有资源。

拍拍网能成为腾讯与京东谈判的筹码，一是腾讯对京东电商能力的充分认可，将电商业务交给京东，能够让拍拍网有更好的发展空间，具有双赢的效应。二是京东不满足于京东商城B2C的经营模式，希望再打造一个C2C的平台，引入海量中小商家与商品，全面完成消费者的消费需求，与阿里巴巴的淘宝网产生正面角逐。

京东认为拍拍网的独特点是平台上的店家几乎都是小商家，若将他们放至同京东商城规模一样的POP平台上，其运营能力与流量远远赶不上大商家。因此，小商家与大商家的运营方式各有不同。京东将拍拍网独立就是将其营造为更大型、独立的C2C生态系统，不仅可以

---

❶ 李晖. 京东金融：如何诞生 为何出走[EB/OL].（2017-09-16）. https://www.sohu.com/a/192436008_727447.

第 三 章　　超 级 链 接

完善网购的生态链、丰富商品的品类，还能为京东金融、物流等充分引流。

2014年5月27日，京东集团正式宣布成立子公司拍拍网，进军C2C领域。❶其总裁也由京东商城开放平台业务总经理蒉莺春担任，全面负责公司的战略、运营及业务发展。为营造健康正向的平台环境，保障各方应得的利益，拍拍网延续京东的DNA，即"坚决杜绝假货"与"更公平的流量分配体系"。同时，京东不仅会重塑拍拍网的规则与体验，还会在业务模式上进行创新，即重点发力二手拍卖市场。

面对阿里巴巴，京东没有选择"硬碰"。当时，淘宝几乎占据了整个PC端，京东放弃PC端而集中"火力"向移动端进军，充分利用微信及手机QQ的强大流量。为了让拍拍网有更完善的机制，京东花了两个多月的时间将其被闲置多年的底层架构进行修改、优化，直至2014年7月17日正式上线。不仅如此，拍拍网还在国庆前期推出拍拍微店，并在之后的"双11"下单超过两亿元。❷

遗憾的是，C2C平台杜绝假货的难度比京东想象得更大，这也成为拍拍网在短时间内就被公司叫停的根本原因。2015年11月，京东正式发布公告宣布年底停止提供拍拍网的服务。次年4月，拍拍网正式被京东关闭，命运就此终结。

海外事业部：多维的使命

海外事业部的建立也是京东走向全球化的不可逆转之举。改革开放以来中国就被卷入全球经济发展的浪潮，"走出去，引进来"的发展

❶　温婷. 拍拍网成独立子公司 京东正式进军C2C[EB/OL].（2014-05-27）. https://news.cnstock.com/news，bwkx-201405-3037823.htm.

❷　李志刚. 创京东——刘强东亲述创业之路 [M]. 北京：中信出版社，2015.

战略让中国的社会、经济发展取得了举世瞩目的成就。同时，中国也在尽己所能反哺世界，推动全球经济共同体的高速发展，在互利共赢的状态下持续保持优势。

作为中国代表企业的京东，也必须具备国际化战略视野，成为一家世界级的零售企业，与沃尔玛、亚马逊等巨无霸零售企业竞合发展，为全球消费者打造最优质的购物体验。

在刘强东看来，京东走向国际化有两个必要的因素——京东发展的需要和民族企业的使命。

创立以来，京东在没背景、没资源的情况下，凭着一腔热血一路超越了国内的电商巨头，成为中国最大的自营式电商企业。国内市场的良好占有率让公司维持着可观的收益。但是，京东从来不是一家贪图安逸的企业，每达成阶段目标时，它都在寻找更具挑战性的对象，学习并超越对手。

与华为一样，京东也是具有危机感的企业。刘强东谈道："如果我们没有努力去迈出国际化这一步，去做一个国际公司的话，10年之后我们一定会面临很大的挑战。"❶不可否认，作为全球最大的跨境电子商务平台，亚马逊毋庸置疑成为京东在全球化道路上最大的竞争对手。尽管京东早已超越亚马逊中国，但危机点在于京东只有一个中国市场，而中国只是亚马逊全球众多站点之一，美国、加拿大、英国、法国、西班牙、德国、瑞典、日本、印度、新加坡等国家均有亚马逊的站点。如果京东不作为，亚马逊早晚会再次集中全球市场的资源席卷中国市场，最终"消灭"京东。

因此，京东始终具有警觉性，即不允许管理层缺乏战略眼光而导

---

❶ 刘强东. 刘强东自述：我的经营模式 [M]. 北京：中信出版社，2016.

致失败。全球市场并不是一道选择题，而是京东的一道必答题，并且不能失败。

就民族企业使命而言，刘强东的梦想是将京东打造成一家伟大的企业。他在自述中谈道，过去中国企业利润微薄是因为中国一直在做中间的制造、代工，产业链最具价值和利润的品牌端与零售端几乎已被国外企业占据。京东能够在中国零售领域内崭露头角，正是靠着最低成本、最高效率的方式来维持公司的运转。京东走向国际化也是为把中国所制造的优质产品，通过京东销往四海，让全球消费者都能以最公正的价格获得最好的产品，不断为国家和民族引来更多财富。

正是在这两大理念下，2014年4月京东正式设立海外事业部，开始对海外业务进行扩展，包括在海外地区设立网站、仓库和建立支付系统等。

熟悉阿里巴巴架构变迁的人或许能从京东"一拆为四"的组织变革中找寻到相似之处：京东商城、京东金融、拍拍网与海外事业部恰好能够对标阿里巴巴的天猫、阿里金融、淘宝和阿里国际。不难看出，京东此次以阿里巴巴为对象，在不断借鉴的同时，也希望创造出更新的成绩。

但京东的组织架构调整并未止步于此。

商城事业部：修专业，促发展

2015年8月，京东发布了2015年第二季度财报——单季交易额首次突破千亿元，达到1145亿元人民币。❶京东在迅猛发展的同时也开

---

❶ 环球网. 京东发2015年第二季度业绩 单季交易额首次破千亿[EB/OL].（2015-08-08）. https://tech.huanqiu.com/article/9CaKrnJOiX6.

始进一步优化组织，将商城的采销体系按照事业部调整，宣布成立四大事业部——3C、家电、消费品和服饰家居，分别由王笑松、闫小兵、冯轶、辛利军担任事业部总裁，直接向彼时京东商城首席执行官沈皓瑜汇报。

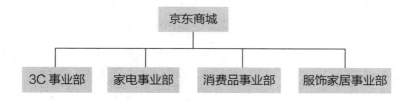

其中，3C事业部负责统筹管理原来的通讯采销部、IT数码采销部、图书音像采销部、生活旅行业务部、自有品牌部、大客户销售部相关业务；家电事业部负责统筹管理原家电采销部的相关业务；消费品事业部统筹管理原日用百货采销部相关业务；服饰家居事业部负责统筹管理原来第三方开放平台的相关业务。❶

京东将商城体系一分为四的出发点在于，商城原有的统一采销体系已不足以支撑当下商城品类与业务的快速发展。过去，相比各品类业务的综合发展，公司更关注如何进货、销售。随着品类业务量的增大、市场竞争的加剧，公司必须将其调整为类似独立公司一样的运营与核算，在实现高效运转、灵活应对市场变化的同时，也能在集团内外拥有更大的话语权。

具体而言，京东在消费者心中最好的品类是3C与家电，而这两个领域面临着苏宁与国美这般零售巨头的竞争。为了打造好各自品类，

---

❶ 雷建平. 京东成立事业部背后：向下放权 [EB/OL].（2015-08-07）.

第 三 章　　超 级 链 接

他们将公司全部资源聚拢其上。与之相比，京东还只是以部门应对，不论是资源还是其他，京东发挥的余地都很受限。尤其是在谈判方面，若苏宁、国美等都由公司层面出面，而京东只是部门负责人，很容易就在谈判中居于下风。

消费品与服饰家居作为京东的"后起之秀"，与3C、家电的经营逻辑各有侧重。同时它们在市场上的"蛋糕"很大，急需专业的事业部来维持运营，依照各自领域的"个性"向前奔跑，获得更大独立发展的机会。

之后京东就业务延伸，也在不断地扩充事业部，尽最大可能满足业务的需求，譬如之后的生鲜事业部、新通路事业部等。京东商城采销体系的事业部制改革，让商城内的各支线业务有机会"修炼内功"，开创出更广阔的发展前景。

仓配一体化：京东崛起的关键点

京东能够从电商大战中突围而出并成为中国最大的B2C电商企业，物流具有不可磨灭的功绩。在众人诟病物流的年代，为了改善社会物流现状，提升用户体验，京东在2007年获取融资后迅速自建了仓配一体化的物流体系。尽管之前并未做过专业化与系统化的成本测算，但最终还是攻克了当时快递"最后一公里"的难题，降低了社会化物流成本，提升了中国零售行业的流通效率，为消费者提供了最优的体验，成为京东崛起的关键点。

自2014年京东在集团层面实施"一拆四"的组织调整后，京东就已步入事业部与子（公司）集团协同发展的管理道路。2017年4月25

日，继京东商城、京东金融独立为子集团发展后，京东宣布正式将物流以子集团的形式运营，京东物流集团应运而生。

早在组建物流子集团前夕，"京东物流"就以品牌的身份，首次向社会开放了仓配一体化的供应链服务、快递及物流云，并成为全球唯一一家集中小件、大件、冷链、B2B、跨境和众包（达达）于一体的六大物流网络的企业❶，它们之间交互所产生的巨大能量，也在不断为客户创造更好的价值。彼时，京东物流还在全国拥有250余个大型仓库、6900余个配送点和自提点、7个大型智能化物流中心"亚洲一号"，并且其自营配送就已覆盖全国98%的人口。❷

京东物流已发展至相对成熟的阶段，它所具备的"网络能力"不应局限在京东内部，而应该以更开放的心态、秉承更新的使命向社会传播，为中国物流的发展做出贡献。京东物流也迎来新定位——成为一家供应链服务商。譬如包括仓储、运输、配送等正逆向一体化供应链解决方案的供应链服务，以及物流云、物流科技、商家数据等服务，同时还涵盖跨境物流与快递、快运的服务。❷

京东物流的全新定位是其一次重大转型。若仅靠京东原有物流体系转型难度巨大，这与京东商城四大事业部成立有异曲同工之处——业务"蛋糕"很大，需要更多的人力、资源、基础设施来支撑。不论

---

❶ 叶帅. 重磅：30亿元！京东物流控股跨越速运，两巨头谋划什么局？[EB/OL].（2020-08-16）. https://baijiahao.baidu.com/s?id=1675103226643984607&wfr=spider&for=pc.

❷ 第一财经. 京东正式成立物流子集团 承诺将在五年内收入超千亿 [EB/OL].（2017-04-25）. https://www.yicai.com/news/5272853.html.

第 三 章　超 级 链 接

是物流设施面积的扩大、跨区物流网络的建设、海外仓的运营，还是B2B物流网络的覆盖、与达达的协作，最终形成全国最大的同城配送网络。

因此，通过更灵活的组织架构调整与管理创新，让京东物流拥有更市场化、独立自主的经营权与决策权，精耕细分领域，对客户需求展开创新并激发内部的组织活力，将京东十余年来累积的物流能力向外释放，让更多客户享受到极致体验。

京东不少新"独角兽"都是随着内部业务量的扩张孵化而出的。对于京东来说，组织架构调整的过程就是一次次裂变与进阶的过程，一项业务若要从一粒种子成长为参天大树，必定要具有自我意识，勇于脱离原来的体系，直面市场更多的机会与挑战。而在这样的过程中，他们也实现了自我进阶，从而赋予京东更大的能量。

⊙ 向积木化进阶

2017年的京东在突破之路上前行。在经营上，京东两大促销季"6·18"与"双11"的交易额纷纷突破"千亿元"的目标，京东商城的年度商品交易总额也提前迈入"万亿元"大关；在商业模式上，京东由零售商转型为零售服务；在业务线上，京东还孵化出京东物流与京东金融两大百亿美元级公司。除此之外，在区域扩张、技术升级、供应链变革等方面均有突出成就，京东整体发展趋势欣欣向荣。

在外界看来，保持原有组织模式就能让京东作战能力倍增，未来占据更大市场份额已是毫无悬念之事时，京东却已经开始进入新一轮的组织嬗变。

无界零售需要"组合+整合"

京东预测，未来10～20年内，在大数据与人工智能的驱动下，零售行业将继百货商店、连锁商店和超级市场之后，进入第四次零售革命，发展格局也将彻底被改变。到那时，零售行业的边界将会消失，人们很难简单辨别出一家公司的性质是连锁店、超市还是电子商务，甚至所有公司都可以单一维度划分为零售公司与非零售公司。不仅如此，新零售还会注重消费者的体验，进而突破线上与线下的概念。基于此，京东认为第四次零售革命的核心是"零售即服务"，而本质则是"无界零售"。

在未来无界零售环境下，消费者更追求个性化的产品与服务，传统销售预测工具将难以准确测算出消费者的喜好。零售的场景呈现分散、碎片的特征，人们难以预测入口和流量的变化。不仅如此，"跨界"变得常见，零售会与其他行业互相影响，商业竞争与合作的规则愈加复杂，整个业态环境将变得极其不稳定、不确定、复杂与模糊。

面对未来的发展，刘强东也常思考，如何在无界零售中创造价值？公司的战略应该是什么？未来的组织会变成怎样的形态？组织如何调整才能拥抱变化？在无界零售时代到来前夕，京东不只是始终强调文化与人，也在组织上狠下功夫。

组织为战略服务，京东组织也必须围绕战略与价值进行建设。2017年京东正式确立了无界零售的战略规划，用更开放的心态转型为零售基础设施的提供商，京东集团由过去的"一体化"走向未来的"一体化开放"。❶这意味着，京东的客户不局限于传统消费者、供应

---

❶ 36氪. 继续推进无界零售，京东成立大快消、电子文娱和时尚生活事业群 [EB/OL]. (2018-01-11). https://baijiahao.baidu.com/s?id=1589287622853990568&wfr=spider&for=pc.

商和第三方卖家，还有线上、线下的零售商、品牌商与其他合作伙伴；京东的系统不只是支撑京东的发展，还需要赋能更多的供应商、品牌商与合作伙伴，始终为无界零售场景提供服务。这些战略的达成，需要京东打开业务之间的关系，更加标准、灵活地满足市场需求。

过去，京东已经根据业务诉求对组织结构进行了优化，譬如京东商城事业部的建立，除了缓解过去采销体系的压力外，还让各业务发展更加自主。但是，商城组织终究更偏向于管控式的科层组织，讲求计划、管理与控制。当负有"枷锁"的组织面对无界零售时代诸多不确定性时，也难以快捷灵敏地应对。

在战略改变与未来零售业态环境的倒逼下，京东再次对架构进行优化，积木型组织应运而生。此组织灵感来自乐高，京东认为乐高有上千块标准化砖块，玩家可通过统一的接口将其任意拼凑为想要的形状，具有很高的灵敏度与抗风险能力。若将乐高的构建逻辑移至公司组织架构中，每个业务都是可拆分、配置与组装的插件。通过多插件的任意组合，京东就能满足不同顾客的不同需求。因此，积木型组织结构就是"整合+组合"的形态，具有灵活组合、赋能开放与随机应变的特点。其中，整合以京东为主导，根据无界零售发展的趋势，高效整合出"一体化的解决方案"，直接赋能客户；组合以业务为主体，客户能在平台上任意组合，满足各自需要。❶

"增长极"的积木化演变

自积木型组织提出之后，京东集团与商城、金融、物流子集团，

---

❶ 刘强东. 第四次零售革命的实质是无界零售 [EB/OL]. （2017-10-23）. https://www.sohu.com/a/199641936_99940372.

就已经开始着手改造。

京东商城作为集团零售典型，为落实积木型组织的建设并实现高效运转，在整个2018年间前后三次对组织架构进行拆解重组。

2018年1月，京东商城拉开了积木型改革的序幕，对商场前端的事业部体系进行组织升级——将原有事业部按类型升级为三大事业群，分别是由生鲜事业部、消费品事业部与新通路事业部组成的大快消事业群；由家电事业部、3C文旅事业部、全球售业务部构成的电子文娱事业群；以及居家生活事业部、时尚事业部、TOPLIFE、拍拍二手业务部组成的时尚生活事业群，对应的事业群总裁分别是王笑松、闫小兵与胡胜利。同时，京东以三大事业群为基准，未来中国的新兴业务均按照业务属性归类至三大事业群中。

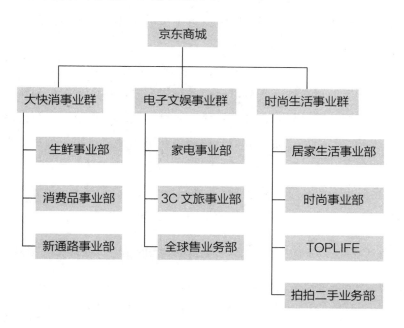

第 三 章　超 级 链 接

此结构中的积木关系体现在，事业群将整合下属各业务内部平台做支持的功能，从而建立事业群内部所有业务的小平台。它们在快速响应最前端需求的同时，也能与集团内各大平台体系高效协同，对各事业群整体业务做好支撑。❶

京东将商城架构设立为事业群的真正目的，一是希望三大事业群内部业务开放，充分发挥高度积木化的协同效应，实现以客户、场景为核心，而非聚焦于采销一体化。二是此结构能让一线有更多权力，真正让听得见炮火的人来指挥，不仅节省沟通成本、缩短决策周期，还能在快速响应顾客需求的同时激发一线更多创新。三是三大事业群内的开放协作，能让资源"物尽其用"，运营更加精细化，最大限度提升客户体验。在之后的发展中，京东在组织与业务方面的确取得可见的增长。但从京东接下来的组织变革中可以发现，三大事业群的调整更像是走向真正积木型组织的过渡。

8月，为进一步推进积木化组织演进，京东商城展开了二次组织改革——取消原有体系划分，以业务逻辑为准，将现有的机构整合为七大虚拟板块，分别是创新、销售、平台、技术、营销、客服售后与业务支持。其中，三大事业群与商业提升事业部属于销售板块，市场营销部与公共关系部属于营销板块，平台板块之下所包含的部门更多，平台运营部与大客户、手Q业务等部门均在其中。❷对于京东而言，如此结构划分是进一步提升整体协同效率的有效方式。

---

❶ 腾讯科技. 京东宣布成立三大事业群 打造积木型组织拥抱无界零售变革 [EB/OL].（2018-01-11）.

❷ 深圳市互联网学会. 京东商城即将进行整合七大虚拟板块并取消原有体系划分 [EB/OL].（2018-08-01）. https://www.isz.org.cn/news/9/2/6884.html.

年底，一则由京东人力资源部突然发送的京东组织调整公告，再次引发业内外人士的关注，这是京东商城2018年以来第三次组织改革。在新的组织结构下，京东商城被正式划分为前台、中台与后台，灵活性越来越高，积木化组织结构调整愈发趋于稳定。

在此次调整中，前台是离客户最近且最能洞察客户需求的业务部门，它能够通过产品创新与精细化运营为客户创造更大价值。因此，以C端和B端的客户为中心，建立灵活、创新与快速响应的机制是前台的首要任务。在此次结构规划中，平台运营业务部、拼购业务部、

第 三 章　超 级 链 接

7 Fresh事业部、新通路事业部与拍拍二手业务部均在前台范围内。

其中，拼购业务部负责探索社交电商的创新模式，主要对标对象为拼多多，旨在通过多种方式抢占未来下沉市场。7 Fresh事业部虽是一副较新的"面孔"，却整合了京东过去的生鲜事业部，其职责也是通过O2O，为客户创造最优质的体验。

如果说前台是战场上的战士，中台则是背后的将军，肩负着共享平台的职能，具备专业化、系统化、组件化与开放化的核心能力，为前台运营和创新提供源源不断的专业支持。因此，中台需具备通过沉淀、迭代与组件化输出来服务前台应对各种场景的能力。

在中台部门，年初划分的大快消事业群、电子文娱事业群与时尚生活事业群，已进一步根据业务模式与场景整合调整为3C电子及消费品零售事业群、时尚居家平台事业群与生活服务事业群。其中，3C电子及消费品零售事业群的成立是京东不断强化自营品牌核心竞争力的表现，而时尚居家平台事业群则专注POP平台的品类发展，生活服务事业群则负责生活服务类的业务与虚拟业务的品类发展。❶

除此之外，中台还设有对业务部门市场进行统一管理与支持的商城市场部，为所有部门提供业务支持的商城用户体验设计部，以及与研发强相关的技术中台和数据中台两个部门。

后台则是为整个商城提供基础设施建设，对其进行服务支持与风险管控，为前、中台提供专业化支持与保障。整个后台由三部分组成，分别是CEO办公室、商城财务部与商城人力资源部。

---

❶ 亿欧网.京东调整组织架构：重组三大事业群，拼购事业部上线[EB/OL].
（2018-12-21）. https://baijiahao.baidu.com/s?id=1620465229389387737&wfr=
spider&for=pc.

在整个前、中、后台的架构中，前台的五个部门主要基于业务销售渠道分类，直面消费者。中台的三大事业群虽然具有业务性质，基于业务场景与模式而划分，但并非前台一样的实际业务部，而更多基于品类而划分，当几个品类具有一定共性时就会划分至相应的事业群下，接受事业群的意见指导与战略支持，事业群下各业务部门将管控各自类别的商品。这意味着，未来京东的新业务都可划分至三大事业群中，并获得支持。

而事业群业务部门与前台各业务部门在工作上相互交叉，呈现出多对多的映射方式。比如，事业群下3C家电的产品既能通过前台的京东商城，也能通过拼购的平台售卖给客户。

另外，在中台的七大主体中，除三大事业群之外，其余四个部门在开发任一前台业务时必定会被设立。在京东的积木化组织结构中，京东将它们全部移置在中台，让前台所有部门均可享受支持。这意味着，当京东想要再新建一个业务并发展时，不需要再花费多余的时间与成本另起炉灶，可直接拉着中台来做事，省掉重新磨合的环节。

如果要对中台各部门进行积木化的定性，三大事业群则是适配不同场景的专业化积木，可对业务进行专业化指导。而技术中台、数据中台、商城用户体验设计部、商城市场部则是公共化积木，公共与专业的结合，让中台部门像一块块积木时刻支持前台的业务，根据业务需要任意拼接，拼凑出能够应对无数场景的业务前台，实现了灵活创新与快速响应的特点。

除京东商城的积木化改革之外，京东金融在2018年年初也首次将2C、2B业务明确划分，进行了后台的相关调整。这年9月，京东金融更名为京东数科，根据客户的不同类型划分了多个独立子品牌，主要

第 三 章　　超 级 链 接

集中在前台调整。因此，京东数科前台按照业务场景分别为京东金融、京东城市、京东钼媒、京东少东家、京东农牧，而经过积木化改造的中台，则分为个人服务群组与企业服务群组两大类，而具体业务也按照共通性划入对应的服务群。

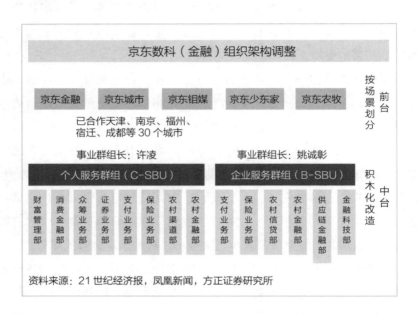

2018年京东物流也将原先的架构重组为前台、中台与后台，形成"1844"的组织架构。其中，"1"指一个大中后台，其主要任务是实施营销以及人力财务的规划，而"844"则分别代表八大核心业务、四大成长业务与四大战略业务。2020年年初，京东物流在"1844"基础上升级为"6118"，其中包含11个业务前台与8个经营前台、6个中台部门、3大后台部门，形成协同战斗力。

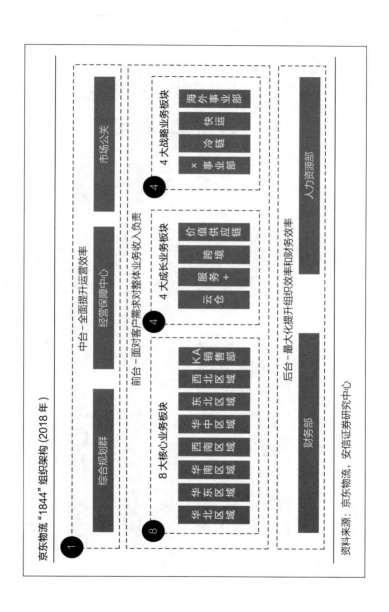

京东物流"1844"组织架构（2018年）

1 中台 - 全面提升运营效率

市场公关　经营保障中心　综合规划群

8 前台 - 面对客户需求对整体业务收入负责

8 大核心业务板块

华北区域　华东区域　华南区域　西南区域　华中区域　东北区域　西北区域　KA销售部

4 4 大成长业务板块

云仓　服务 +　跨境　价值供应链

4 4 大战略业务板块

× 事业部　冷链事业部　快运　海外事业部

后台 - 最大化提升组织效率和财务效率

财务部　人力资源部

资料来源：京东物流，安信证券研究中心

第 三 章　超 级 链 接

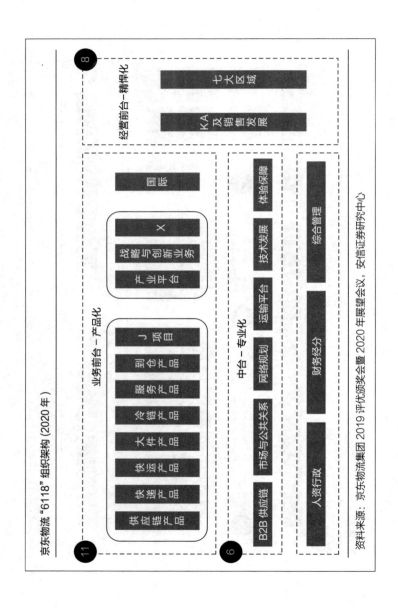

京东物流"6118"组织架构（2020年）

业务前台 - 产品化

| 供应链产品 | 快递产品 | 快运产品 | 大件产品 | 冷链产品 | 服务产品 | 到仓产品 | J项目 |

产业平台 战略与创新业务 X

国际

中台 - 专业化

| B2B 供应链 | 市场与公共关系 | 网络规划 | 运输平台 | 技术发展 | 体验保障 |

| 人资行政 | 财务经分 | 综合管理 |

经营前台 - 精排化

| KA及销售发展 | 七大区域 |

资料来源：京东物流集团 2019 评优颁奖会暨 2020 年展望会议，安信证券研究中心

京 东 管 理 法

早在2013年，刘强东就提及公司已发展至需要检验团队协作和自主性的时刻。在无界零售前夕，京东积木化组织带来的快速响应机制是一种优势，但这并不意味着它能规避挑战带来的风险。前、中、后台的架构虽已向积木化靠齐，但在未来发展中还需持续完善，组织结构的调整是否能够支撑一线的"部队"作战，也需要"实战"来证明。

不可否认，积木型组织的优势很强，但其真正落地的难度也会直线上升。对于事业群的管理团队来说，他们必须具备更高的综合能力，对各业务有充分的了解，才能更好地为其赋能，实现积木组合的最大能效。同时，中台与前台的交互，必然会有一个不断磨合的过程，如何在此期间掌握成本最低、效益最高、集团利益最大化的原则，仍旧是执行中不可避免的问题。

第二节
追求简单

刘强东认为，京东是一家追求简单的公司。组织就是"简单"的例证之一。精简的组织管理为京东高效发展提供了稳定底盘。

⊙ 8150："扁平"占领心智

100余年前，随着世界电力革命的展开，金字塔式的管理结构（也称"科层式组织结构"）也应运而生。三角形最具稳定性，金字塔式的管理结构作为三角形的虚拟延伸，最突出的特点也是"稳"。每逢外部市场发生剧烈动荡时，传统企业能够凭借此结构成功"渡劫"，因此金字塔式管理结构在商业时代垄断了上百年。

它的"行稳致远"，很大程度归功于结构内部的三大支柱，即职能型组织结构、职位管理与产品管理。其中，职能型组织结构作为整个金字塔结构的主体框架，最大特点是企业形态由各职能部门构成。职位划分越细部门越多，各部门就在整个职能型结构的框架内互相协作，实现价值共创。职位作为金字塔结构的基础材料，一旦设置就不会轻易改变。根据企业发展需要，职级也会不断增加，金字塔结构虽愈发庞大，但员工各司其职，企业能精准、高效运转。产品管理作为金字塔结构的运营秩序，始终围绕产品生命周期开展工作，实现产品价值最大化。

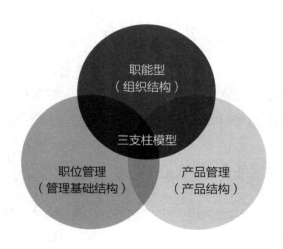

职能型
（组织结构）

三支柱模型

职位管理
（管理基础结构）

产品管理
（产品结构）

三者逻辑交互，共同支撑金字塔的运行：企业采取职能型组织结构，在职位管理的基础上实施产品管理的方式。金字塔的直观形态反映出其本质是多层上下级的委托关系，且遵照命令完成管理要求的组织形式，是上下级间控制与被控制纵向命令关系。在外部变量较小时，金字塔式组织结构让企业从游击队转换为正规军，将企业推进高速发展的轨道，在做大的同时也能保持稳健的态势，京东就是"受益者"之一。

　　随着互联网时代来临，市场变动系数增加，整体呈现分散且多变的特征。以"稳"著称的金字塔结构优势不再明显，它的"固化"甚至成为公司增长的瓶颈：链条式逐级传递信息不能快速响应市场需求；信息的不对称性致使市场决策失误；中心化的决策机制难以满足多层次需求；组织庞大导致冗责与冗权现象明显……

　　曾有一家上市公司一直采纳金字塔式的结构，在过去很长一段时间内引入不少事无巨细的管理手段，对事业部的管控能力与日俱增。但随着近年市场的不确定性加强、竞争加剧，对手逐渐超越它。而这也是传统组织与外部环境背离产生的效应，在外部环境变动逼迫人类持续创新的时代，人们无法依靠传统管理的组织架构"打天下"。

　　彼得·德鲁克曾谈及，管理层次过多引发了组织最严重的病症，并指出组织结构的一项基本原则是尽量减少管理层次，形成最短的指挥链条，尤其是在变化多端的市场场景下。❶

　　如何让组织形成最短的指挥链条？德鲁克曾预测："未来的企业组织将不再是一种金字塔式的等级制结构，而会逐步向扁平化演进。"❷

❶ 陈春花. 组织需要数字技术框架下的沟通与共享能力 [EB/OL]. （2019-12-23）. https://baijiahao.baidu.com/s?id=1653703941707726842&wfr=spider&for=pc.

❷ 马晓静. 论知识经济时代企业组织结构的扁平化 [J]. 湖北广播电视大学学报，2005，22（1）：76-78.

第 三 章　　超 级 链 接

金字塔结构的短板是扁平化组织的长板，后者的典型特征就是减少管理层级，缩短信息流在组织链条上停留的时间与长度，快速抵达目标。同时，扁平化组织还能赋予组织内部人员更多权力，化被动为主动。一众企业为匹配市场发展，积极向扁平化组织转型，让组织从复杂化变得简单化。

20世纪80年代，通用电气董事长兼CEO采取了经济学者约瑟夫·熊彼特在100多年前提出的"创造性破坏"理念，将原有组织层级裁减至5～6个，成功让公司从金字塔组织结构转型为扁平化的组织结构，改善了内部信息堵塞、决策慢、组织活力欠缺等痛点。其余公司见效后，纷纷借鉴通用电气公司的改革方法。

京东积木型组织改革的本质也是实现组织扁平化，通过前台、中台、后台的设立，让业务部门与行政部门的职能一目了然——谁是一线的战斗员、谁是动能的补给者、各主体之间应如何协作，层级结构的简单明晰让组织协同作战能力倍增。

在京东积木型组织大框架内，为进一步落实内部组织扁平化，提升内部效率，京东还在团队管理上遵循"8150"原则。即任何一位管理者的直接汇报下属至少是8位，若其下属不到8人，此管理者的岗位将被"删除"，员工直接向更高一层的管理者汇报，以减少管理层级。同时，当管理者的直接汇报下属超过15位，公司才会在此管理者同层级再增设一个相同岗位。

形象而言，很多公司中一位副总裁的直接汇报下属是两位总监，每位总监还要分别管理两位高级经理。若此情况在京东，公司会直接取消总监的岗位，让四位高级经理直接向副总裁汇报工作。

"50"则是指最基层管理人员下辖同一工种员工不能低于50人，只有超过50人，公司才会再增设另一位基层管理人员。比如，京东"亚洲一号"项目明确规定，一个班次的打包人员若未超过50人，只能设立一位打包主管，只有超过50人才能够设立另一位打包主管。京东认为基层工种比较单一，设置太多主管不仅是一种资源浪费，更是造成冗职、阻碍信息流程性的罪魁祸首。

刘强东在自述中谈及"8150"的核心就是保证组织扁平化："到今天为止，我跟十万多名员工之间只隔了五级。"❶ 在"8150"的规则下，京东避免了金字塔式管理层级过多的问题，缩短了信息反馈、决策链条的距离，提升了整个组织的工作效率，各层级的人都能做实事。

不只是京东，许多互联网企业的组织形式都是趋于扁平，阿里巴巴、美团、腾讯等公司都在打破职级壁垒，有意淡化职级，提高沟通效率，进而激活组织活力。

扁平化是组织当下及未来发展的一种趋势，尤其是在第四次零售革命之际，各类型公司将回到"原点"，在市场经营过程中更加关注用户，而公司是否能真正占据用户心智，扁平化的组织形式就是制胜关键。

⊙ 一拖二：警惕帮派主义

"我说话比较直，为人处世脾气个性简单直接，多少年来都没有变过。"❷ 这是刘强东的自我认知。在京东发展过程中，他意识到必须不断学习、改变管理态度与管理风格，否则他会变成京东发展的瓶颈，

❶ 刘强东. 我的创业史 [M]. 北京：东方出版社，2017.
❷ 刘强东. 我非生猛，只是直接 [EB/OL]. （2015-11-02）. https://www.sohu.com/a/39214672_288847.

于是逐渐趋于平和、温和。但在2019年京东高管会议上，刘强东却点名痛斥了公司一众高管："人浮于事，拉帮结派。"现场氛围凝固至极，一位高管感叹："老刘好久都没发过这么大火了。"

一家企业的兴衰沉浮与企业内部的帮派滋生不可分割。即便一些派系斗争服从于企业战略目标，短期内在组织内部呈现良性的发展态势，可一旦派系将自我利益凌驾于公司整体利益之上，就会严重阻碍企业战略目标的实现，最终把公司推入"悬崖"。即便没有走向企业生命周期的最后一步，但帮派滋生带来的诸多效应也会让企业损兵折将。

比如，当帮派主义滋生在部门中，公司就有面临集体跳槽与优秀人才流失的危机。

在集体跳槽方面，当内部小团体现象严重时，员工就会任人唯亲，比起"做对事"更倾向于"跟对人"。团体中的"头儿"出于某种缘由离开公司时，"团员"也会接连辞职。因此，我们能在很多场景下看见一些公司落地新业务时，花高薪从外部聘请管理者来牵头组织，到正式入职时，却将原单位部门大部分人带来，致使原单位业务全线瘫痪。

在人才流失问题上，一方面，真正优秀的人才极具主见，职场"爆发性"强，由于既不易受外界势力影响，也不会主动与内部帮派产生联系，更是内部各帮派最不待见的人。为了打击或排挤对方，帮派一方会抢占资源，阻碍他人正常发展，产生"劣币逐良币"的现象，影响部门正常发展。另一方面，部门内部滋生帮派，员工势必保持站队，而不论选择哪一方，都会与对方产生冲突且受到一定程度攻击。因此，在集体跳槽与优秀人才流失的情况下，企业难以储存后备人员。

更重要的是，帮派滋生会日益摧毁企业文化与价值观。当脚踏实地干实事不如得过且过舒适时，员工就会在公司浑噩度日，整日琢磨如何讨好领导。这就像一颗定时炸弹，一旦被引爆，企业内部"乌烟瘴气"。最为明显的特征是，做实事的人少，趋炎附势的人多，潜规则盛行，显规则无效。在此"裙带"网络中，企业内部还会出现严重的腐败行为，由于帮派内网络的日益紧密，一旦有人出现贪污腐败，整个派系网络都无法脱离干系。

不仅如此，企业还会造成大量内耗，造成纵向脱节、横向失衡、水平掣肘、系统癌变的严重后果。在工作中所呈现的是，面对上级阳奉阴违，"上有政策、下有对策"；面对下层执行不力，战略稀释；面对同级互相拆台，尽显"三个臭皮匠顶个诸葛亮"；面对协作部门壁垒高筑，各自为政、流程低效；面对组织互相包庇、集体渎职、拉帮结派。

京东也发生过类似现象。一位传统行业管理者进入京东担任总监，一段时间后将老东家部门的人基本带了过来。虽然此部门业绩一直领先，但刘强东发现："这个部门一直就是维持十几个人，新人都进不去。"❶ 另一种情况是部门领头人带了一批人来，当他离开时，这批人又跟着离开，给京东带来巨大损失。总而言之，公司内部因为拉帮结派，不仅工作协同性变差，办事效率也开始变得低下，大企业病的苗头开始出现。

类似事情在许多公司是常见之事，有调查显示，逾六成职场人士承认身边存在职场站队现象，20%人士表示入职一年后开始职场站队。❷ 虽然站队有积极与消极之分，但不乏被恶劣性质帮派强势威胁的案例。

❶ 刘强东. 我的创业史 [M]. 北京：东方出版社，2017.
❷ 蔡宇钦. 职场中如何"站队" [J]. 企业文化，2013（1）：86-87.

第 三 章　超 级 链 接

为解决内部帮派滋生问题，不少公司从求同清异，到机制约束，再到权力制衡来扼杀帮派主义滋生的苗头，京东也经历过。在《京东人事与组织效率铁律十四条》中，京东独创性地提出"一拖二"原则，即每一位新来的管理者最多能从原单位（部门）带两个人过来。

在极少数的情况下，管理人员也会多带几个人。为防止帮派滋生，刘强东说："如果带的人多怎么办？也欢迎，去别的部门。"2015年初春雅虎北京全球研发中心关闭，大量"顶配"工程师"流向"市场，其创始人兼总裁张晨加入京东负责京东商城的研发工作。由于岗位需要，京东特别批准后他才能带来两个以上的人，只不过都被分散至京东商城、京东金融与京东到家等不同体系中去了。

面对原有部门员工抱团"挤兑"新人时，京东立刻采取分散措施，将原部门的人分别移至其他部门，不服者一律按照开除处理。部门内部三观不正之人，对绝对强调价值观的京东来说，他们就是"铁锈"一样"腐化"其余员工价值观，必须开除。京东曾经因为开除一批"铁锈"直接致使部门瘫痪三个月，尽管如此，公司在杜绝帮派滋生的问题上从不犹豫，如刘强东所说："宁愿这个部门瘫痪两年，也不允许拉帮结派。"❶

对于大部分公司来说，管理者希望在新业务线上达到立竿见影的成果。若不让对方带人过来，就意味着公司需要花费更多的人力、精力、财力与时间等成本去招聘和培训人才，市场拓展周期被迫拉长，业务起色见效慢。同时，部门管理者与原部门下属经过多年磨合已形成较好默契，沟通成本低、办事效率高，短期内就能看见业务起色。综合来看，"一拖多"也是合理的事情。

---

❶ 刘强东. 我的创业史 [M]. 北京：东方出版社，2017.

但为了组织的长远发展，京东舍弃了短期效应，在组织建设方面秉持长远眼光，宁愿在招聘、培训上投入大量成本，让新人在业务拓展中"摸爬滚打"地积累经验，哪怕见效慢一点，也不在人员引进的数量方面进行妥协。

在"一拖二"的组织铁律下，相比其他公司内耗、腐败等严重问题，京东则轻缓许多。没有大量帮派问题，这让员工的关系更加简单、明晰，集中力量做好手中的工作，在很大程度上降低了公司经营的风险。

⊙ 组织"五开放"：更加开放互通

如果用两个词语概括京东二十余年的整体发展历程，最贴切的或许是"稳健"和"开放"。这不仅体现在经营层面，也体现在战略、人才、组织管理等层面。

在经营层面，2017 ～ 2021 年京东"6·18"大促期间，其商品交易总额一直处于稳健增长的状态。2017 年京东商品交易总额超过 1000 亿元，❶ 到 2021 年时京东商品交易总额已超过 3438 亿元，分别比 2019 年和 2020 年增长 26.6%、33.6%，占据全网商品销售额一半以上，年度用户也在不断新增。❷

❶ 易弋力. 2017 年 618 京东成交额 京东年中购物节交易销售额数据 [EB/OL].（2017-06-19）. http://www.mnw.cn/news/shehui/1749044.html.

❷ 杜玥莹. 商业贸易行业点评：618 大促高景气度 直播国潮趋势兴起 [EB/OL].（2021-06-21）. http://stock.finance.sina.com.cn/stock/go.php/vReport_Show/kind/search/rptid/677621996333/index.phtml.

在战略布局上，京东也在从"一体化"走向"一体化的开放"。依托最初京东商城的业务，随着各业务的成熟，京东以稳健的态势孵化出京东物流、京东数科等子集团，它们成为京东整体增长的重要曲线。期间，公司也在不断打破零售边界，开始在供应链的基础上开放平台，创造更多可能性。直至2017年，京东正式迎来未来12年战略转型元年，目标则是从"一体化"成功转型为"一体化的开放"。

在大部分咨询公司看来，稳健且开放是公司最理想的形态。为什么京东能够实现稳健和开放的结果？其背后的支撑点是组织建设源源不断地赋能。战略的开放要求组织走向开放，从实体零售起家的京东顺势而为与互联网接轨，与之而来的是对开放的向往。从引进职业经理人，到集中梳理企业文化，再到组织结构的迭代升级，它所踏行的每一步，都是在开放之路上的不断进阶。

为保证组织内部充分开放，京东内部遵循着组织五开放的原则，即周报开放、例会开放、数据开放、战略开放与人才开放。❶

在周报开放上，周报的本质是一种沟通，也是企业最重要的信息开放渠道之一。它不仅能够让对方明晰上一周项目完成的情况，也能看见项目执行过程中存在的问题，判断是否需要以及如何向项目执行者提供必要的协作。因此，京东要求管理者上交周报时除了直接抄送上级领导之外，在不涉密的前提下也必须抄送至知晓、审批、业务合作或跟进事项的部门，让相关部门清楚项目进度，提前做好协作安排，保证项目的正常推进。

在例会开放上，京东规定除涉密会议之外，所有一级及以上部门管理者必须公开常规例会的日程表，其他部门总监及以上管理者均可

---

❶ 鲁克德. 京东人力资源管理纲要 [M]. 北京：华文出版社，2019.

申请参加例会，而组织会议的管理者无权限拒绝其他管理者的列席申请。但为保证会议的正常流程与高效进行，公司要求会议开放名额范围不得超过参会人数的三分之一。同时，参会与列席人员必须严格遵守会议的纪律性以及信息的保密性。

在数据开放上，京东要求凡是跨部门协同的各个部门，在不涉及敏感数据的基础上必须主动分享其他部门可能会用上的相关数据，比如资源投入、项目进展、业务管理或其他需要参考的关键数据，以实现信息分享透明化，充分发挥数据价值，以提升工作效率。协同部门必须遵守一定的规则，严格保密开放性的数据，且控制在知晓的范围以内。

在战略开放上，为了让公司或集团战略得到更好执行，京东规定在不涉密的前提下，所有管理者必须向下层职员传递公司与部门的战略，以加深员工对战略的理解，达成战略共识。同时，公司战略的思考与举措必须向所有员工开放，一级以上部门的战略思考和举措向本部门员工与协同部门开放。

在人才开放上，京东对人才视若珍宝，在此投入了大量的时间与精力，并创建了诸多人才培养机制，以让其在公司运作上发挥最大效应。在京东看来，人才是公司的"公有财产"，可以在全公司范围内开放流动。而管理者必须服从公司整体人才调配，支持在内部流动，优先复用内部资源，并明令禁止公司内部产生不合规的人才竞争。

而人才开放的前提是，员工必须在岗位工作满一定的期限。在同一岗位工作一年，员工可以申请内部流动，其管理者不能以任何形式阻碍员工调职，除非证明其调职会对公司造成不可逆的损失。在同一岗位工作满三年，其管理者必须主动与员工沟通，了解员工的发展需

第 三 章　　超 级 链 接

求，并给予员工内部异动的机会。在同一岗位工作满五年，员工就必须更换岗位。在京东看来，如果某员工多年一直服务于同一岗位，一定是公司或员工出现了问题，对于双方来说都是资源与能力的浪费。为了激发员工潜能，京东会对此类老员工安排轮岗，如果多次轮岗后能力效果依旧不凸显，则代表他的能力并不符合当下京东发展所需。

曾任京东集团副总裁的杜爽，在刚进入京东时只是一名普通的业务员，负责U盘、路由器等电子产品的采销。她不仅善于与人沟通，还常常能够从供应商处以比别人更低的价格拿到货物，执行力出众。考虑到杜爽与公司发展的需要，上级孙奇将她推荐给孙加明。由于具备线下商超工作的经验，孙加明直接让她负责品牌管理，与厂商洽谈合作与广告事项。惊喜的是，她谈成了IT部门第一个不和销售额挂钩的50万元一年的纯广告收入，而当时厂商在京东一年的销售额是200万元。

后来，杜爽凭借着出色的业务能力，职位层级甚至超过孙加明，孙加明依然勤勤恳恳地帮助她管理好团队。在京东组织的公平与开放上，杜爽感叹："你的本事，可以直接展现在业绩数字上，达到优秀了，就给你机会升级，跟直接上司平级，甚至升到更高级别。这种开放的胸怀，特别让我感动。"❶

京东组织内部的开放性，不仅能够提升员工的协调作战能力，激发员工的动力，更是与未来"一体化开放"目标匹配率最高的内部组织管理方式。正是因为组织的开放，京东才能够形成良性的闭环管理，持续为客户创造最大的价值。

---

❶ 李志刚.创京东——刘强东亲述创业之路 [M]. 北京：中信出版社，2015.

⊙ NO！ NO！ NO！：警惕大企业病

在管理上，有一种对公司内部组织"腐蚀性"极强的效应，管理研究者称其为"管理上的双杀效应"❶，一旦企业出现此效应的征兆多半可以诊断为"大企业病"。

所谓"双杀"，一"杀"是指员工活跃度低，人力资源效能下降。随着企业规模扩大，各职能部门的分工越来越细，员工成为支撑企业这台庞大机器运转的一颗螺丝钉，只负责自己的工作，而不对企业的经营结果负责，视野局限。在与同级其他部门或者团队合作时，不可避免会出现某种程度的职能交叉，这份具有"共性"的工作也会被众人推脱。一旦某部门临时接手，各方心照不宣地认定此后都由该部门负责"共性"工作。为减少麻烦，人们各退一步，久而久之就形成一道部门墙，简单的工作变得复杂起来。

而另一"杀"是指企业的创新能力下降，极细化分工让员工只关注各自手中的工作是否完成，而不会关注更多的创新事项。面临客户或是有利于企业发展的意见时，他们只认为这是公司高层应该考虑的事情。

追溯其源，此病症很大程度由金字塔式的组织结构造成，因为此结构横向形成不同的职能部门，纵向权、责等层级关系清晰，但并不意味其他组织结构的公司就能完美规避它。对任何一家企业来说，"双杀效应"会在内部构成诸多隐形壁垒，阻碍公司正常运行。

为了规避类似状况在组织内部"流窜"，京东在组织内部始终遵循着三"NO"原则。

---

❶ 穆胜."大企业病"怎么治？[EB/OL].（2019-07-16）. https://www.sohu.com/a/327111269_465378.

第一个"NO"：让部门协作变得有效

第一个"NO"是对于其他部门、一线员工提出与部门工作职责有关的需求时，如果部门没有数据或事实证明他人需求不正确时，就不允许说NO。即使拒绝，也必须经过上两层管理者的同意。

执行跨部门协作项目极费精力是诸多大企业的顽固痛点。当部门提出某种诉求后，不同部门出于各种因素想尽一切办法说"NO"，京东也曾发生过类似的状况。

京东规模较小时，刘强东只凭简单的指令就能让工作落实。但京东规模扩大后，职位划分越来越精细、部门数量增加、跨部门协作项目增多，简单的指令不再奏效。因为不是所有部门都能整齐划一地落实任务，往往需要大量时间横向协调，部门沟通效率降低。

京东在筹建第一个自动化仓库"亚洲一号"时，由于责任划分不明晰，流程不够完善，各部门经常在"磨合"上消耗时间。比如仓储设备进场问题，政府要求物流部门按照政府时间、要求让仓储设备进场，但物流部门难以落地。矛盾点在于，双方有各自的考核进度。站在京东的角度，仓储设备由海外生产、发货，如果不尽快入场，海外就会产生额外的仓储费用，谁来承担多余的费用？同时，各部门也因业绩指标产生隔阂，采销部门需要提前做好备货工作，但仓储部门有面积利用率的考核，如果备货过多就会导致周转变慢，影响考核成绩。因此，在面临跨部门合作时，员工们经常需要用人情解决，利用休息时间赶进度。

为解决跨部门协作困难的问题，京东曾制作一种网格状系统，强制要求每一位管理员必须在其中列出需要与本岗位配合的其他部门，以在需要协作时精准找到相应的部门对接。按照公司规定，协作部门不可推脱。但这也不可避免存在一些漏洞，例如部门在合作时往往会被原有工作突入打乱节奏，不能高效落实合作项目。

一次，京东需要完成某广告系统开发的项目，涉及公司内部研发部门、财务部门、市场部门等职能部门。原有方式是各部门相关人员"见缝插针"地腾出相同时间段当面商讨具体方案，但方案制定需要多次商讨、磨合，仅是协调商讨时间就已付出大量成本。

刘强东的一个妙点子打破了项目执行的僵局——建立一个临时项目组，把相关职能部门的人全都集中在一起办公，让他们在项目执行时间内只做这个广告系统，开发成功就会奖励此小组奖金，然后回到人事隶属部门继续工作。

后来，只要有重大项目需要跨部门协作时，京东就会在内部成立一种跨部门与体系的"虚拟项目组"。根据项目的实际需要，虚拟小组中既可能包括研发部门、财务部门，也可能包括配送部门、客服部门与仓储部门等，在项目规定的时间内共同完成项目任务与目标，完成后就将虚拟部门解散，各部门成员再回归原来部门。

为保证虚拟小组成员全心投入协作工作，京东认定一旦虚拟小组成立，员工就是全职，只负责小组内的项目，原部门工作由其余人交接。除此之外，京东专门设置了相关的管理体系——实线管理与虚线管理。其中，实线管理是指虽然员工都集中在虚拟小组内，但实际员工的人事关系还是属于原部门，因此虚拟小组成员需要向原部门负责人进行工作汇报；虚线管理则是指每一个虚拟小组都会有相应的负责人，小组成员在向原部门汇报的同时，也需要向虚拟小组负责人汇报。

为促进跨部门协作，京东还将考核机制引入其中。最初，京东在

第 三 章 　 超 级 链 接

考核方面注重业绩，所选取的考核数据也来自原部门，并未将跨部门协作的表现纳入其中，员工拒绝协作也不会承担任何损失。考核的缺失直接成为协作漏洞。于是，公司在原有考核指标基础上新增了占整体权重很高的跨部门合作与表现。如果员工不参与跨部门协作，其考核就可能面临不达标的风险。同时，若在虚拟小组协作中被其他部门投诉，其整体成绩同样不容乐观。

通过虚拟小组的建立，京东有效促进了企业内部的跨部门协作，使众人保持目标的一致性，打破部门间的隐形壁垒。

第二个 "NO"：保持创新

第二个 "NO" 针对两个 "凡是"，凡是涉及客户体验改进要求、凡是涉及公司未来业务发展的要求，不能轻易说 "NO"。即便否决，也必须与上级意见一致，在将拒绝邮件发送给要求人的同时，也应该抄送至被要求人上级或部门负责人，以做留底，便于以后的追溯。

改善客户体验与促进公司未来发展需要创新。刚成立之后的十余年，京东本质是零售公司，讲求组织的严密性，令行禁止。优势是超强的执行力能够让公司快速成长，但短板是开放程度不高，缺乏创新能力。创新需要大量的试错成本，成立初期的京东走错一步就会伤己八百。在大多数人的意识里，这是 "掌舵人" 应该思考的事情，员工只需要将想法落地，久而久之思维就已经固化。

互联网这趟列车前行速度很快，京东必须在短时间内采取相应的措施去适应变化，不论是组织形式，还是管理方式、战略调整。而 "掌舵人" 的能力始终有限，如果内部依旧是被动创新的氛围，京东恐怕不能从一众电商"厮杀"中脱颖而出。

2013 年，京东将创新正式并入价值观中，将"包容失败"增添至创新的子目录中，通过机制来鼓励内部创新的氛围。"如果不宽容失败，就变成每个人不愿意改变，现成的拿来用……京东始终在变化，如果你不鼓励创新，不鼓励勇于改变，那企业就没有未来了。"❶刘强东谈及创新对京东的重要性时表示。

在投建上海"亚洲一号"期间，京东没有前车之鉴，只有与供应商一起商讨。员工很谨慎："一个项目扔 10 亿元下去，万一坏掉的话损失巨大。"但刘强东认为，如果工作中因为考虑不周或计划跟不上变化所造成的上百万元错误都可以原谅。

为了鼓励创新，京东还设置了一系列激励创新的机制。京东高管前往腾讯总部交流时，正逢腾讯每月举办一次的微创新奖评选活动，虽然并不是具有颠覆性的产品，但只要提升了客户体验都有参赛资格，这激发了员工的创新热情。为激发内部员工创造力，京东也在内部设立了每季度一次的微创新奖评选活动，每次奖金总额为 5 万元，这受到员工的热烈点赞。2017 年，京东举办了"京芽杯"创新大赛，面向员工选拔 50 个最具创新价值和成长潜力的新芽创新项目，给予 618 万元的创新基金。❷其中，每个新芽创新项目不仅可以领取 5 万元的创新基金，还可以获得创新孵化与人才培养等专属资源。

正是对创新的包容与鼓励，京东内部才会不断迸发出新点子，甚至成为京东的一大"利器"。

---

❶ 李志刚. 创京东——刘强东亲述创业之路 [M]. 北京：中信出版社，2015.

❷ 京东文化."京芽杯"创新大赛复赛圆满收官 [EB/OL].（2017-05-12）. https://www.sohu.com/a/140138461_162290.

第 三 章　超 级 链 接

2013年6月27日，京东向客户开出中国内地第一张电子发票，而票据的"造就者"也正是京东。●从公司创立的第一天起，刘强东就坚持每一笔账都必须开发票，转型电商后，订单量呈指数型增长，纸质发票成本也不断增加。同时，开具纸质发票需要大量的人力，就当时北京仓库而言，仅发票工作就需要200人以上，员工从手工打票、分拣发票、确认发票，再到分别装至相应的包裹中，一整套流程下来效率并不高。同时，在当时来说中国商业信用系统有待提升，假发票四处可见。

为解决手工打印发票成本高与效率低的问题，彼时京东集团负责资金和税务的副总裁蔡磊在2013年5月向刘强东申请成立电子发票小组。在获得刘强东支持后，蔡磊与京东的政府事务部多次向各省市政府部门提出开设电子发票的诉求，几经周折才让此项目正式立项。

在具体执行中，蔡磊发现了团队的局限性：只善于发票管理、风险控制等税务财务工作，但制作电子发票需要很了解系统开发。于是，他主动找到信息相关部门合作。即便当时信息部门的工作极度饱和，但还是特意在内部抽调了员工，与蔡磊团队一起研究电子发票项目的技术与系统开发。

当时，全国共有五省在做电子发票，为了做电子商务第一家推出电子发票的企业，团队连续加班两个多月，最终成功推出。"为了这张票，我连命都不要了，我们就要做No.1，刘总也说了，京东10多年的成长，就是把一个个不可能变成可能。"蔡磊说。●制作电子发票并不只是节约京东成本，更具现实意义的是，它能够有力打击发票造假的

● 李志刚. 创京东——刘强东亲述创业之路 [M]. 北京：中信出版社，2015.

产业链，推动社会的公平和诚信体系的建立。

不只是高层，一线员工也不断进行细节的创新，释放创造力。仓库员工为节省规划货架位置使用的胶带，就购买墨斗，用弹墨线来规划货架位置，节省了不少胶带。为填充快递包装内的空余空间，员工就买来膨切机，将不再使用的纸板切碎来替代原来的充气泡沫。

正是员工对客户体验、公司未来发展的重视，京东人才能够涌现出大大小小的创新，将创新化为大价值。

第三个"NO"：让真实信息有效流通

第三个"NO"是京东虽然提倡赋能、授权管理者当业务出现问题时可以在职权范围内自行解决，但是禁止隐瞒事实。例如管理者不能跟下属说"这事不能让领导知道"。在京东，信息必须保持上下的流畅性与真实性。

大企业病的表现之一就是上下层级的信息隔阂，这让组织与个人难以实现"齐步走"。这种隔阂不只是组织结构的问题，也是员工隐瞒真实信息的后果。管理者的组织角色是实现上传与下达的"枢纽"，此环节产生"断点"不利于公司的有效管理。同时管理者的一言一行在下属眼中都是经过一定的计划与安排，不当的举止会对下属产生错误指引，如此滚雪球般的效应最终会导致公司发展失控。

交流是双向的，管理者不仅要向下属传递任务，也需要与下属沟通。普通员工也应该有同样的认知，及时向上司反馈任务的执行情况或者意见，促进管理的及时改进。只有内部高效沟通，组织管理才会有事半功倍的效果。

知名大型建材零售和装修服务提供商百安居，以执行完善的沟通反馈制度获得英国"最佳雇主"的头衔。每月，公司高层分别会参加总部各部门召开的"草根会议"，了解所有员工的真实想法，并对其问题与意见进行对话。在次月会议上，高层会统一向员工通报问题或者建议解决进度，并继续倾听员工的想法。不局限于会议，员工还可以通过电话与电子邮件等方式向高层反映问题。为此，公司专门为员工设立 Easy Talk，它是 24 小时免费的录音电话，可以向高层反映任何问题。每天由专人接听并整理意见，再统一向高层汇报。这些方式都是为了让公司内部上下的信息保持一致性与流畅性。❶

京东亦是如此。2007 年从外部引进高管之后，尽管各高管来自不同类型的公司，也有不同的性格特征与处事方式，但他们都具有京东价值观的共同点。基于此，在不少公司陷于协调各高管之间如何配合的苦恼时，京东的管理者间已充分沟通，在执行上"先行一步"。这除了价值观一致外，也是京东在保障信息流畅性与真实性上的坚守。

三级沟通体系就是其一。京东每决定聘请一名高管时，都会与即将加入的高管进行多次不同级别的充分沟通。

公司在决定聘请高管时，人力资源副总裁会与这名高管就价值观、薪资待遇等维度进行多次沟通。若此环节达成一致，京东与高管就会进入二级沟通。在二级沟通环节，刘强东会亲自与此高管进行一次坦诚的沟通，例如如何进行事业规划、如何看待京东未来面临的机遇与挑战等开放性问题，双方一致就可以进入第三级沟通。第三级沟通是高管与刘强东助理的沟通，为让高管与刘强东在最短的时间内度过磨合期，进行有效沟通与协作，助理会将刘强东的性格、工作方式等相

---

❶ 赵凡. 德鲁克说管理[M]. 沈阳：辽海出版社，2017.

关事项告知高管，若高管能够接受，办理相关手续后就可以进入京东。

2013年刘强东前往美国哥伦比亚大学深造期间，为了保持信息的真实性与通畅性，他邀请面试者们亲临美国。仅一个高管职位就需要他面试几十个人，交谈内容也事无巨细，而这就是为找到与京东最"共频"的人。

京东坚持三级沟通体系并不是形式主义，而是让每一位高管打破对京东的"滤镜"。期望过高或过低，都不利于后续工作的开展，只有全面了解京东才能对公司进行客观评判，与其他高管融洽相处，为公司创造更大价值。同时，三级沟通体系也是一种筛选机制，过于真诚的谈话也"吓跑"了不少高管，只有能够同京东一道的人，才能够真正留下来。

不只是高层，京东很多一线的管理者也十分重视此类问题。一次，某员工在未给公司发任何消息的情况下旷工，并拒绝接通主管电话。经理出于安全考虑，直接通过人力资源部门找到员工的紧急联系人方式，终于在宿舍找到他。经过真诚的谈话得知，员工认为主管指点他工作是在故意针对他，旷工就是单纯不想上班。如此意气用事，忽视公司规则的态度固然不正确。经理问："你放弃这份工作，还要去别的公司面试，你对工作是爱来不来的态度，下一个老板会认可你吗？"反思后，他也意识到逃避不是一种好的解决方式。

这件事情发生后，经理要求主管在和员工沟通时必须先交代这样做的目的是什么，能够给员工、公司带来怎样的好处，让员工充分意识到做事的重要性。

因此，保持信息的有效性是组织管理必要的一环，更科学化、人性化的管理才是现代化企业所需践行的方式。

第 三 章　超 级 链 接

⊙ 内部沟通四原则：打破沟通壁垒

某电气公司科长习惯让自己做最困难的工作，直到将一切工作推上正常轨道后才将工作转交给下属。面临经济不景气、公司资金难以周转的情况，他虽然鼓励员工好好干，但部门也在达成目标前功亏一篑。站在他的角度，自己在工作中多承担一些能够让员工更顺利地完成工作。从员工的视角来看，科长的强进取心给员工带来更大的心理压力，大家很难在他手下"施展拳脚"。员工与管理者"背道"最本质的问题在于双方并未注重人际关系这项软体工程，开展有效的沟通。

纵观全球企业发展，不少企业在日趋激烈的市场竞争中逐渐衰落，很大程度上是企业内部的管理不善。员工、部门作为推动企业运转的核心动力部分，如何让员工与员工、部门与部门之间保持最佳的合作方式，释放出最大的工作效能，一直都是公司管理的焦点。那些在商界中逐渐衰落的公司，由于内部沟通机制的僵化、信息传递过程中的失真、与员工主动沟通的意识较弱，加重了企业整体组织运转的负担，最终上演了悲剧。

对于一些大公司来说，创造开放的沟通体系与文化，打破人、部门之间的沟通壁垒是内部管理的重要突破口。沟通越开放，员工工作满意程度越高，组织内部的中心变量越稳定，这也是为何GE、华为等高绩效企业能够实现高效运转的重要原因之一。

GE前执行总裁杰克·韦尔奇在上任之初就将非正式沟通管理理念引入GE。工作人员曾描述："他会追着你满屋子团团转，不断地和你争论，反对你的想法。而你必须不断地反击，直到说服他同意你的思路为止。而这时，你可以确信这件事你一定能成功。"❶因此，正确的决策往往在不同意见的冲突下诞生，这是人们综合各方意见产生的一个综合性结果。

京东同样注重内部高效沟通的体制与文化建立，常将各个部门聚拢在一起，以在市场发生剧变时迅速集结人员对市场形势作出判断与分析，并在最短的时间内制定解决方案，直至取得胜利。最初，京东为创造与员工多沟通的机会，常常借助酒文化的形式，让工作上的摩擦与冲突在喝酒的时候就"抹平"。但随着公司的壮大与机制的规范，京东在组织内部建立了沟通四原则，让内部沟通变得更简单、高效。

首先是内部沟通时间按照"721原则"分配。很多企业员工视上级意见为"铁律"，只关注与上级沟通，忽视了与平级和下属员工沟通的重要性，导致组织内部问题频发：下属员工难以准确快速落实任务、平级部门之间协调困难。因此，京东要求管理者在内部沟通时间上进行合理分配，即管理者与下属、平级、上级的沟通时间占比分别为70%、20%与10%，保证团队与部门的充分沟通与执行的协同推进。

其次是内部汇报讲求层级。京东内部管理实行人权、事权与财权的"ABC"管理机制，因此员工在工作汇报上也必须遵循"ABC"的原则逐级汇报。如果C越过直接上级B向A汇报工作，即便获得A的批准，没有B的批准也不予生效。此制度能最大限度避免越级或漏报的情况出现，保证决策的全面性与准确性，让公司行驶在正确的航道上。

再者是"沟通是平的"。企业规模扩大、组织层级细分也助增了公

---

❶ 鲁克德. 京东人力资源管理纲要 [M]. 北京：华文出版社，2019.

第 三 章　超 级 链 接

司的官僚主义，一些员工受限于此不敢向上级提出真实意见，一味听其安排。同样，管理者也拉不下脸面或不屑听从下属的想法，没有全流程落实企业的沟通机制，挫伤了员工沟通的积极性。长此以往，沟通不平等的负面效应将会逐日累积，让公司的正常运行愈发艰难。

美国前总统罗斯福在面临作出有效决策时，常常会通过助手散布"小道消息"征求不同利益人群的意见，避免决策主观性浓厚。即便众人指责他工作作风不严谨，但他也坚信获得正确决策的最好方法，就是通过各种意见辩驳让"真相"凸显。

因此，为让沟通成效最大化，京东在内部沟通讲求扁平化，即不讲求级别对等，尤其是跨部门沟通。只有做到真正平等的沟通，彼此才能了解诉求，保证沟通的有效性，让正确的意见转化为好的决策，使工作富有成效。

最后是"谁牵头谁负责"。企业在进行跨部门合作时，最常碰见的问题是项目内部各方"步调"不一致导致项目进展缓慢。而京东划清项目组的权限，保证项目组能够在内外部的沟通上保持一致性，实施"谁牵头谁负责"的沟通机制。项目组的牵头人就是负责人，不仅对整个项目负责到底，而且有权限指挥、调动全公司的资源。项目组内的成员不论部门与层级，都必须听从项目组负责人的安排，违者将会受公司处罚，以此最大限度保证项目正常执行。

沟通就像是一剂润滑剂，让员工、部门之间的合作更加契合。内部沟通四原则的践行，让京东的沟通变得更加简单，让结果更符合各方的利益，从而促成内部沟通的良性循环，实现了最低成本、最高收益。

京 东 管 理 法

第三节
持续高效

京东的优势在于高效的执行力，使它能在多个垂直行业领域内成功，这也是其余电商企业不可比拟的一点。团队高效运转，离不开组织的高效规定，京东的高效"铁律"就是动力的赋能者。

⊙ 24小时响应：高效执行的关键

企业就像一列火车，执行力就是这辆火车的金属车轮，执行力越高，火车运行速度越快，能在更短的时间内抵达终点开启新的行程。因此，执行力是企业的核心竞争力之一，执行力越高，成本越低、收益越高，企业能够在同等资源条件下迅速崭露头角，不断为企业累积发展资本，构成良性的发展循环。同时，高执行力的企业更可能成为优秀的企业，因为它能够准确、迅速落地公司战略，超越其他公司。

不少公司为提升内部执行力，通过不断清晰战略目标、完善公司组织规章制度、树立公司内部标杆、推行以绩效为中心的考核等方式保证企业发展战略与行动计划的高效执行，京东就是其一。

李志刚在作品《创京东》中描述京东的执行力："京东的高效执行力是我见过的公司里最强的，至少是最强的之一。"刘强东在访谈中也屡屡提及，京东的优势在于高效的执行力，京东的团队是唯一一支可以在任何垂直行业都能成功的团队，这也是其他电商公司难以做到的一点。因此，京东能够从一众电商中脱颖而出，最后进化为"以供应链为基础的技术与服务企业"，其最大前进动力就是执行力。

京东拥有强大的执行力很大程度上取决于京东以零售起家的性质。零售不仅讲究组织链条的严密性，也讲求雷厉风行的执行力，京东必须通过多种方式构建支撑高执行力运转的"系统"，以在最短的时间内采取相应措施。因此，高执行力已成为京东的DNA，也成为它从诸多互联网型企业中"杀"出一条荣光之路的绝对技能。

其中，"24小时响应"机制就是京东高执行力的关键之一。从刘强东开始，所有人（不论是上级还是下级）收到任何一个请示时都必须在24小时之内给予明确的答复：Yes or No，或者是其他的指示，但决不允许超过24小时考虑。

京东以"24小时"为时间界限有两大考虑。一是时间合理，刘强东认为全球航班飞行最长的时间是17个小时，员工到达目的地后还有足够的时间来思考。二是京东在某一流程遇见"堵点"时，追根溯源发现事情常常"断"在某位员工处，而员工通常会以有事情耽误忘记回复为由，一些严重的疏忽会直接威胁到京东战略的落地与发展。为引起员工重视，京东也将"24小时响应"机制纳入年终考核，若没有迅速回复，将直接影响员工在公司的发展。

因此，京东员工都能以最快的速度回应接收到的指示，刘强东也不例外。在京东转型电商的三四年间，刘强东夜里每隔两个小时就醒一次来回复客户的帖子。因此，人们总能在发帖后的几十分钟就收到回复，"贴心"的服务让顾客对京东刮目相看。直至如今，刘强东也24小时手机不离手，有时间就回复邮件或者处理工作。作为企业领袖，刘强东视自身为执行起点的态度对公司执行力的落实具有重大意义，有助于让员工自觉形成高效的执行力。

"24小时响应"机制是京东高效执行力的重要体现，其所验证的也正是京东的超强执行力。

王笑松进入京东第一天就已经见识到京东高效的执行体现。2008年京东正逢快速发展时期，由于紧缺人手，还在办理入职手续的他就被派去做面试官。第二天，他又遇见爆仓，亲眼见证全体员工在大鲁店搬了一个通宵的仓库，当时没有人讨论加班费的事项，也没有人思考这是否是职责内的事情，大家的出发点都是尽快让公司恢复正常的运转。彼时，京东的办公室还在北京市海淀区苏州街的银丰大厦，室内挂着"战斗！战斗！"的口号，由于工位紧缺，供应商来了也只能站着谈事，但众人依旧热情不减，全力推动工作运转。

2010年京东决定在商城内增加图书品类后，石涛在5月以图书品类副总裁的身份加入京东，在半年时间里他不仅要搭建起全新的图书品类团队，完成后台系统的研发与仓储配送系统的对接，还要完成与供应商的签约。就算是让图书"老手"当当网与亚马逊完成这项任务也是一个极大的挑战。当石涛还在亚马逊中国时，他花了一年多的时间签下200多家出版商已被认为是奇迹，可京东没有天花板，其签约数目只求更多。令石涛惊喜的是，彼时不到10人的采销团队在三个月的时间里不停约见客户，最后竟签下了500家出版商。

为推进图书品类业务，当时刘强东每周都要听取石涛等人的汇报，发现问题就当场解决。比如后台系统暂时不能支撑几十万个图书品种时，刘强东立即通知研发部门，不管有多少问题都必须立刻把后台的问题解决。而另一边，高燕也就图书品类与研发部门的两三人紧锣密

第三章　超级链接

鼓地搭建后台系统，做出来一个就现场操作，发现问题立即修改，就这样熬过了无数个通宵。同时，为了满足图书的仓储、IT系统需求，京东还在最快的时间对其大改造，使其能够承载图书的庞大规模。在京东的高效执行力下，2010年11月京东的图书品类如愿上线，成为京东的一条新增长曲线。

高效执行力，是企业在市场竞争中的不二法宝，京东要成为最值得客户信赖的企业愿景，也应继续贯彻高效执行力，保持初心，创造更多的商业价值。

⊙ "三三三"：将时间放在高价值的活动上

歌德曾就时间管理说："我们都拥有足够的时间，只是要好好善加利用。一个人如果不能有效利用有限的时间，就会被时间俘虏，成为时间的弱者。一旦在时间面前成为弱者，他将永远是一个弱者。因为放弃时间的人，同样也会被时间放弃。"❶时间具有有限且不可逆的特性。谁在相同的时间条件下"跑"得最快，谁就能获得更多的资源与成就，这也是企业追求高执行力的重要原因之一。

低成本换取高效益是京东一以遵循的规则。在它看来，浪费时间就是增加成本，为此不断在经营层面磨炼物流、财务流与信息流，使三者协同发挥最大效应。而在管理执行层面，京东注重如何在烦琐的项目中分配时间，让时间重心始终在高价值的活动上。

意大利经济学家帕累托在大量的研究中发现：在整个社会中，20%的人占有80%的财富，并提出经济学上的"80/20法则"。即重要的是

❶ 赵凡.德鲁克说管理[M].沈阳：辽海出版社，2017.

少数，不重要的是多数。这一法则在时间管理上也具有很大的现实意义——人必须学会抓住20%的重要因素去完成能够换取80%成果的事情，而避免浪费80%的时间去换取20%的价值。

京东深谙其道，因此在内部管理上追求高效与简单，凡是浪费大量时间的低价值活动都应该像清除旧衣服一样扔掉。其中，京东在会议上实行的"三三三"原则正是这一法则的体现。

其中，第一个"三"是指工作汇报的PPT必须在三页之内就讲清楚工作的核心问题；第二个"三"是指开会的时间不允许超过30分钟，在会议上始终围绕会议主线开展，管理者需要迅速对提出的问题作出决策，会议之后立即采取解决方案实施；第三个"三"是同一个议题的PK不允许超过三次，若同一个议题两次会议都无法决策，就上升一级作决策，三次会议必须解决这一议题。

开会是企业正常推进工作的必要一环，但低效会议也是企业内部的痛点之一。在会议"三三三"原则的驱使下，京东员工能够将明确的目标转化为行动力，高效推动会议的进行。

京东闻名的高管早会制度就是这一高效原则的体现。虽然京东正常上班时间为早上九点，但每天早上八点半时，公司管理人员就已聚集在会议室，围绕重要事情、重要数据与最严重的投诉事件进行会议讨论，并就各方提出的问题果断作出决策。由于会议进程与决策快，员工也以紧张来形容早会的氛围。

早会结束后，各个管理者会根据具体指示分别召开部门会议，将工作一一落实至基层员工处。早会快节奏的压迫感，让员工心里始终有一根拉紧的弦，并将压力转换为执行力，员工也能在一天精神状态最饱满的阶段，集中精力将早会的指示转化为最大价值，推动公司项

第 三 章　超 级 链 接

133

目的进展。

在团队内部会议上，京东还引用英国学者爱德华·德·博诺提出的"六顶思考帽"的思维训练模式，即用六种颜色不同的帽子代表六种不同的思维模式，避免人们陷入盲目的争论，加快会议进程。

其中，白色帽子代表客观，如实陈述问题事实，并提醒会议人员始终关注事实与数据；绿色帽子代表创造力与想象力，员工需要进行头脑风暴与求异思维，并提出解决问题的建议；黄色帽子代表肯定，评估建议的可采纳性，从正面引导与会人员思考问题；黑色帽子代表否定与怀疑，提醒员工找出建议的逻辑错误，并列举建议的缺点；红色帽子代表情感，从直觉维度引导人们表达建议的感受；蓝色帽子则代表思维的控制与调节。控制各颜色思考帽的出场顺序，并规范各方的思考过程，最终总结各方陈述，得出会议的最终结论。

如此一来，京东内部会议不仅能够得到高效推动，且每个人都能通过会议培养出多维度的思维方式，保证了讨论的充分性与透彻性。员工也能在具体执行中达到事半功倍的效果，进而创造更高的价值。在特定的条件下，会议所产生的结果只是一种战略指导，执行往往会更重要，它能让京东改善机制，持续为客户创造价值。

因此，在把时间放在高价值活动上的指引下，京东的八小时与别人的八小时不同，人们调侃道："在京东，地球一天转两圈。"

⊙ ABC：权责分明，高效推进

科学合理的决策机制是一家现代化企业的必备要素，它能够让企业在关键抉择之际避免矛盾滋生，并在较短时间内作出合理选择，避免公司遭遇毁灭性打击。同时，面对一般性决策，科学合理的决策机制能够高效推动项目进程，让公司始终保持高效运转的状态。

但现实情况是，不少公司依然面临决策机制不完善带来的诸多痛点。比如虽然是群体决策，但决策权实际集中在某一层级管理者手中，容易出现"浪漫化"、徇私舞弊、牺牲员工与公司利益的决策。同时，企业决策环境的不成熟也会让企业陷入不理性的决策中，比如约束条件、决策基础建设、企业文化的欠缺等。

而管理成熟的现代化企业在决策体制上具有共性：集科学、发展、利益、风险、责任于一体的正确决策理念；完善的决策制衡机制和科学合理的决策组织体系，明确权责制度、权利落实保障制度等，让不同层次与专业领域的人有决策权力。这也是它们能够在各项决策上做到快速、准确，让公司工作流程保持畅通最重要的原因之一。

腾讯在面临公司重大决策时，采取每两周召开一次总办会议的制度，不论公司创始人与各核心业务部门的主管日常工作多繁忙都必须参加。会议经常从上午延续到凌晨，期间与会人员会各抒己见。华为在决策机制上实行集体领导、集体决策的机制。早在2004年华为就成立了经营管理团队，之后华为还创建了以技术为中心的理想决策体系，以客户需求为中心的现实决策体系，通过双方的强辩达成开发目的的妥协。

根据中国民营企业500强榜单，截至2021年6月30日，京东体系内的员工已近40万人，同时京东业务横跨商城、物流、数科、健康等多个领域。为什么京东内部管理仍然同初创那般高效运行？这也是众人探寻的焦点。

京东内部管理具有简单即多的特点，庞大的系统运转只需要几张

第 三 章　　超 级 链 接

表来协调，"ABC"管理决策体系就是其一，它能够最大限度保证内部决策的科学合理性，做到决策权责分明与高效推进，且涵盖了管理成熟企业决策体制中所具备的优秀共性。

京东的"ABC"管理体系包含人事权ABC、财权ABC以及问责权ABC。[1]它的执行逻辑为A是B的直属上司，B是C的直属上司，对于C的一切决策必须由A、B共同决定，缺一不可。同样，如果涉及相应的风险和问题追责，也是向上两级追溯。两级管理机制让所有的决策能在两级内解决，清晰界定了各级管理者的责任和权限，简化了决策流程。

但也有特殊情况需要越过两级决策，比如与人事制度不符合、涉及客户体验与重大贪腐问题等决策。

以人事权ABC为例。关于C的招聘、升职、加薪、奖金、辞退等一切事务需要A与B保持一致性。为避免"一言堂"，保证公司与其他员工的利益，公司的HR也会参与其中。HR虽然没有给C升职与加薪等权力，但具有审核权。比如判断上两级给C的升职与加薪是否符合公司的价值观与章程，在不符合的情况下HR有权说"不"。这种A、B模式与HR的监督避免了公司单一决定员工的"生杀"权力，财权ABC与问责权ABC也是同样的道理。

京东ABC管理体系的实施是公司管理与时俱进的要求。过去京东以科层式组织架构为主，随着规模扩大与业务增长，京东的职能层级越来越多，这为公司的决策管理带来不少麻烦。

高管曾向刘强东抱怨有文件最多一次需要八九个人签字，供应商

---

[1] 鲁克德. 京东人力资源管理纲要 [M]. 北京：华文出版社，2019.

找公司要钱时仅签字就浪费了两三天，各方体验很差。为改善冗杂的环节，京东综合各方因素制定了更详尽的管理规则，ABC原则由此诞生。推出后，财务上任何一笔支出都只需要三个人签字，复杂变得简单，在节省员工时间成本的同时也提升了效率。

ABC原则是不少大规模企业在决策管理上都可以参照的对象，它能让决策从复杂变得精简、高效，但其背后必须依靠理想的决策环境与决策配套设施支撑，最大限度保障企业的科学合理决策。

第 三 章　超 级 链 接

重新定义
京东

第四章

领导"三力"

毋庸置疑，对于一家企业或一个团队而言，领导者发挥着关键性作用。优秀的领导者既能洞察市场环境、果断出击，带领团队取得一场场胜利，也能制定清晰目标，使团队成员明确奋斗方向，更能发挥榜样的力量，点燃员工的激情与活力。京东的领导者在决策力、时间力和情绪力上有突出表现，通过这"三力"，带领京东实现从追赶到超越的华丽蜕变。

第一节

决策力

对于一家企业而言，领导者的任何一项决策都会对企业当下或未来的发展产生影响。所以优秀的领导者一定要具备强大的决策力。对于京东而言，什么样的决策力才算强大？首先，京东要管理几十万员工，组织很庞大，所以领导者要掌握极大的话语权，这样才能使决策不在执行环节走样，成为"一纸空文"。其次，京东是一家卓越的综合型电商平台，企业性质决定了京东的领导者必须掌握在瞬息万变的市场环境中快速决策的能力。最后，京东的供应链条很长，所以领导者既要能从全局出发进行决策，也要具备精准掌握客户需求的能力，从而保障决策的准确性。

⊙ 掌握话语权

刘强东曾经说过一句话，即战略是他一个人考虑的事情。这句话表现出他在决策力上的绝对强势。纵观京东二十多年的发展历程，刘强东在很多重大决策上都表现出说一不二的特性，这种绝对的话语权也成为他带领京东有序发展、不断壮大的源动力。

最高领导者的强势决策风格

回顾京东历史上几次至关重要的决策，刘强东强大的话语权都发挥了绝对作用。其中第一次，就是将京东搬到线上经营的决策。

2003年，"非典"的阴影笼罩着中国，发展势头正猛的京东遭遇了前所未有的危机。这种危机一方面是严峻的市场形势带来的，另一方面是刘强东正在进行一个决定京东未来命运走向的重大抉择。

当时，凭借过硬的质量、更优惠的价格和优质的服务，京东从一个小柜台，迅速成长为中国最大的光磁产品线下代理商。突如其来的疫情虽然给京东的业务造成了严重打击，但这种打击并不一定致命，体量远不如京东的代理商靠硬熬度过"寒冬"的例子不在少数。但是，刘强东不想被动防御，他选择主动出击，通过互联网销售光盘，最终跑赢了"非典"。

"非典"结束后，京东的员工松了一口气，以为公司会重新恢复以往的经营模式，或者"两条腿"走路：在拓展线下业务的同时，顺带发展线上销售。然而，刘强东却在此时作出了一个让所有员工大吃一惊的决定，即关闭全国各地的门店，砍掉线下业务，专攻电商。

如果放到当下来看，刘强东的这一决定很容易被人们理解：纯线上零售，消费者不用到店即可获得商品，用户体验更好；没有实体门店，投入成本更低、管理更便捷；物流可以到达的地方，都有潜在的消费群体……相较于线下"笨重"的零售模式，电商的种种优势自不必多说。

但是，时光倒流至21世纪初期，此时的互联网对人们来说还是个新鲜事物，只有少数弄潮儿在网上积极探索"新大陆"。当时中国的零售企业，明显仍将目光聚焦于抢占线下市场份额。线下零售巨头苏宁、国美并未发现电商行业蕴藏的巨大商机，而是在全国各地"跑马圈地"，每年要新开数百个门店。

线下连锁零售店正处于风口，京东的线下业务也做得风生水起，继续发展下去肯定能取得不错的成绩。事实证明了这一点：当时京东12家连锁店的销售额占公司总销售额的90%，利润占比也高达95%。❶此前刘强东也确实有朝大型连锁店方向发展的规划，突然作出转型决定，而且是放弃成熟市场去开拓风险很高的陌生市场，员工的态度可想而知。

2003年底，京东除后勤、行政、前台外，一共有36名员工。刘强东找来6个部门经理讨论转型问题，只有两个人表示支持，其余四人都表示反对。尽管如此，他还是强势作出了全力进军电商的决定。

很多员工都不认同刘强东的决定，觉得连锁店那么赚钱的事情公司都不干，继续待下去也看不到未来，于是纷纷提出离职。对于老员工提出的离职申请，刘强东虽然很难受，也尽力挽留，但始终没有改

---

❶ 李伟龙. 关闭全部线下店，刘强东是如何跑赢"非典"的？ [EB/OL].（2020-02-13）. https://ishare.ifeng.com/c/s/7u0D0vrPPHf.

变想法，一心一意地发展线上业务。时间证明了他当初的决策是正确的。

2007年，刘强东又作出了一个影响京东命运的重大决策——自建物流。此时，京东已经得到了今日资本的首次融资，拥有了投资人。对于刘强东的这一决定，不仅员工不理解，投资人也不理解。尤其是，在刘强东的预算中，京东需要10亿美元自建物流，但现有资金明显不足以支撑如此巨量的输出。

亚马逊是京东对标的电商巨头之一。早在刘强东初涉电商领域时，亚马逊就已经成为世界电商领域的龙头企业。亚马逊每年消耗在仓储建设方面的资金有数亿美元，即便是这样，也没能做到仓配一体化，"最后一公里"由合作企业——联邦快递与UPS完成。今日资本的创始人徐新算过一笔账：如果京东要建设仓配一体化的物流体系，每个城市每天要送2000单快递才能实现盈亏平衡，但根据当时的业务量，很多城市一天只有十几单、二十几单快递。这意味着京东物流在很长一段时间里都会亏损运营，要打一场持久、艰辛的"战争"。❶

尽管众说纷纭，刘强东还是一锤定音——干！由于刘强东在京东有绝对的话语权，所以尽管员工不能很好地理解自建物流的必要性，但出于对领导的信任和服从，还是认真地执行了任务。当然，这一决策的正确性在物流体系的建设过程中逐渐清晰起来。

刘强东对话语权的掌控，不仅体现在京东内部，还反映在融资中的控制权上。在刘强东看来，控制权是京东融资时唯一的底线，在这点上，股权比例都可以往后排。

他曾经明确表示："如果有一天我真的失去了对京东的控制权，那

---

❶ 李志刚. 创京东——刘强东亲述创业之路 [M]. 北京：中信出版社，2015.

第四章 领导"三力"

我会直接把它卖掉，彻底退出，拿钱走人。这是我从京东一开始成立就定下来的底线。我绝对不允许自己在没有控制权的情况下，还要占有这个公司的股份……高速增长的创业公司，最大风险是内部失控，所以必须保证自己能够控制公司，才有可能一心一意地把时间和精力放在公司发展上。"❶

对于一家企业或一个团队而言，领导者一定要具备极高的话语权，这样组织才具有核心，而不是一盘散沙。有权威的领导者就像战场上的优秀指挥官，能够使士兵保持紧密联系，并在令行禁止之下发挥出超强的战斗力，从而赢得一场场战争的胜利。

基因的传递

优秀的领导者应该具备带领企业或团队不断前进的品质，并将这种品质传递下去，成为后来管理者的基因。刘强东是京东集团的掌舵人，作为京东的最高领导者，他的气质在很大程度上影响着京东的气质，他的领导风格也影响着京东其他领导者的风格。

2021年9月6日，京东公布了一则有关重大人事调整的公告，引发了业内人士的广泛关注。根据该公告，原京东零售集团CEO徐雷先生获委任为京东集团总裁。对于这一消息，外界的一些人或许会感到突然，但对于京东员工来说，却是顺理成章。

2018年是京东历史上的一个"至暗时刻"。这一年，内忧外患集中爆发，京东被推至舆论的风口浪尖。股价跳水、业绩下滑、士气低落……在这样的背景下，京东对组织架构进行了大调整，首次在内部

---

❶ 刘强东. 刘强东自述：我的经营模式 [M]. 北京：中信出版社，2016.

实施轮值CEO制度，刘强东退居幕后，徐雷成为首任轮值CEO，京东三大事业群的SVP直接向他汇报工作。这以后，很多人将徐雷视为京东的"二号人物"。

在推行中台战略时，由于触及多方利益，徐雷受到了利益方的抵制。刘强东深知话语权对领导者的重要性，所以在公司内部传出一些不和谐的声音时力挺徐雷："谁不服徐雷，就是不服我。"❶有了强大的话语权后，徐雷雷厉风行，一系列有效决策发布下去，组织高效运转，使京东再次驶向了高速路。根据京东发布的2019年第一季度业绩财报：2019年第一季度，京东集团净收入为1211亿元人民币，归属于普通股股东的净利润为73亿元人民币，当季净利润再创历史纪录。❷

徐雷并非空降的高管，其骨子里拥有京东的基因。早在2007年，他就担任了京东的营销顾问。2009年正式加入京东后不久，他又升任京东商城的营销副总裁。2011年，他曾短暂离开京东，不过很快于2013年回归，这之后就在京东扎下了根。很长时间里，徐雷都是京东高管队伍里的重要一员，他在决策上一向十分果决，受到刘强东的高度认可。

在决策的话语权上，徐雷同样非常强势，这一点从全民年中狂欢节——"京东6·18"的诞生中，可以看出一二。

2021年6月18日，京东迎来了18周年庆的巅峰时刻。一系列数据显示了活动的火爆：开场3分钟内，京东超市整体成交额同比增长超

---

❶ 刘一鸣. 京东高管"临危受命"刘强东：谁不服徐雷就是不服我 [EB/OL].（2019-03-03）. https://tech.sina.com.cn/i/2019-03-03/doc-ihrfqzkc0765235.shtml.

❷ eNet硅谷动力网. 京东集团发布2019年第一季度业绩 [EB/OL].（2019-05-13）. http://www.enet.com.cn/article/2019/0513/A20190513063354.html.

第四章　领导"三力"

10倍；10分钟内，居家国货KA大牌成交额同比增长150%；15分钟内，高端游戏本成交额同比增长400%；15分钟内，智能家用健身器械成交额同比增长485%；iPhone成交额1秒破亿元；海尔、美的、格力等成交额1分钟破亿元；西门子、小米等成交额3分钟破亿元……❶自2021年6月1日0点至6月18日24点的半个多月时间里，京东商城累计下单金额高达3438亿元，又一次创造了历史纪录。❷

如今"6·18"已经成为一个代表京东的符号，甚至连从不在网上购物的人，都因为这个覆盖广泛的购物节而初步认识了京东。不得不说，这个由电商企业创造的节日，是一场教科书级别的营销范例，收获了巨大的成功。但鲜有人知道，最早提出"京东6·18"的人，正是徐雷。

时间回到2014年。临近6月，京东员工开始忙碌起来，为即将到来的"红六月"做准备。之所以叫"红六月"，是因为刘强东于1998年6月18日创办了京东，为了表示庆祝，京东每年6月都会举办一系列活动回馈消费者。在此期间，消费者能够以更优惠的价格买到心仪的商品。但这一年的"红六月"，因为徐雷有了新的变化。

当时，天猫"双十一"经过多年发展已经深入人心，而与之相比，京东的"红六月"却因为不够具有辨识度而名声不显。徐雷认为，与其整个月搞促销，且每天的促销活动大同小异，不如将6月18日的折扣力度放到最大进行凸显，这样对消费者来说更具吸引力，也更容易记住京东这个品牌。

---

❶ 京东黑板报. 京东618最高潮爆发 大量品牌、商家瞬间破亿 激发实体经济新动能[EB/OL].（2021-06-18）. https://mp.weixin.qq.com/s/u1ZAhxi_Yz8YVWniNfggtw.

❷ 京东黑板报. 3438亿元！京东618的18年成长与24小时绽放[EB/OL].（2021-06-19）. https://mp.weixin.qq.com/s/YDL9bqR9DfqQeR3i3s1e8w.

然而，徐雷的这一决策却受到了员工的质疑。他们反对的理由很充分：将促销活动的期限定为一个月，消费者能够有足够的时间做选择；订单分散，能够减轻物流压力；天猫是天猫，京东是京东，两家公司应该拉开距离，没必要学他们……到最后，公司上下只有三个人赞成他的提议。

即便如此，徐雷也没有动摇，他挨个去做同事们的思想工作，最终还是把这一决策推行下去，也就有了"京东6·18"的年中盛典，也让消费者牢牢地记住了京东。

徐雷兼任无线业务部负责人时，移动互联网才刚兴起不久。由于没有成熟的经验可以参考，整个部门的运行显得非常混乱。产品、研发、运营部门各干各的，协同作战能力弱，且部门员工间存在多个小团体，统一管理难度极大。面对这种局面，徐雷第一时间就选择把话语权牢牢掌握在手中。

他的方法直接而有效，那就是制定一套详细的流程制度，大事小情，都要按照规章制度来办。掌握了话语权，徐雷成为无线业务部的主心骨，以他为中心，各部门联系紧密、高效运转，取得了京东商城APP流量占京东商城所有平台流量七成以上的出色成绩。

无论是刘强东还是徐雷，抑或是京东其他大大小小的领导者，都非常注重掌握话语权。在本质上，领导话语权是一种软权力，领导者的计划、决策、协调等领导活动需要强有力的话语权进行维护，在快节奏的工作环境中，掌握话语权的领导者对其领导的部门具有无形感召力、舆论引导力和社会心理影响力等软权力，能够增强团队凝聚力，使公司或部门高效运转。

第四章　领导"三力"

⊙ 时效性比准确性更重要

在电子商务快速发展的今天，各电商企业之间的竞争越发激烈，快速决策成为企业成功的关键因素。如何在瞬息万变的市场环境下抓住时机、快速决策，成为管理者越来越重视的能力。

京东的管理者在作决策时，更加注重时效性而不是准确性，让管理方法为业务模式服务，决策链条短、执行反应速度快，这是京东能够取得如今地位的重要原因。从京东物流隔日达、次日达到当日达的"进化"，人们也能够看出京东对速度的极致追求。

在2010年京东推出"211限时达"之前，时效性不在配送部门绩效考核的指标中。当时，京东的副总裁张立民是配送部的负责人，他到任后做的第一个决策就是至少在8个城市实现快递一天两送，这就是"211限时达"的雏形。

从当时的技术管理水平来看，实现这一目标的难度不小。仓储订单一产生出来就由货车送到配送站不现实，必须在一个固定的时间点集中发货。一天中，设立11点和23点两个固定发货时间点，就意味着虽然一天的订单总数不变，但京东必须筛选出在11点前下的订单，然后对这些订单进行优先配送，这无疑增加了员工的工作难度和公司的运营成本。

张立民一有做"211限时达"的想法，就快速做出草案，并在第一时间召开内部研讨会，之后又向其他部门询问了意见。每次会议的用时都很短，十几分钟、二十几分钟就能结束。一些管理者对他的决策提出疑问，认为要实现"211限时达"，需要投入很高的成本，到时候宣传出去了却做不到，一定会影响用户体验和京东的信誉。

但是，刘强东很支持张立民的想法。在他看来，京东物流要和其他物流公司有所区别，就必须拥有自己的拳头产品。做物流最重要的就是要快，而"211限时达"的推出，能够和其他物流公司进行差异化竞争，赢得客户的良好口碑。至于能不能实现，实现的效果如何，先不考虑，做了再说。

刘强东给足了张立民权限，很快，"211限时达"就在一部分区域试行开来。期间，张立民遇到什么解决不了的困难就向刘强东请求"支援"，刘强东不用十分钟就能明白张立民的需求，并给他调配相应的资源。快速响应、快速决策，在高效运转中，曾经被很多人视为"不可能实现的愿望"的"211限时达"，成为京东又一个令人赞不绝口的创新成果。❶

很多企业管理者在作决策时犹豫不决，担心不能下达正确的指令，不敢承担出错的风险，于是大事小情动辄开会研究，讨论十天半个月也没有结果，只能眼睁睁地看着时机从眼前溜走。殊不知，商场如战场，一步慢、步步慢，更严重的，还会被竞争激烈的市场淘汰。

世界知名电商巨头亚马逊公司的创始人杰夫·贝佐斯将决策分为两大类，第一类为对企业发展路径有重大影响，且执行后不可逆或几乎不可逆的重大决策；第二类为对企业发展的某个阶段很重要，但执行出错后可以挽回损失的一般决策。

在他看来，不是所有决策都需要审慎对待，领导者只需要对那些少数的、至关重要的第一类决策采取谨慎、和缓的态度来应对。至于第二类决策，即便实施效果不是那么理想，企业或团队也不会因此而长久地蒙受损失，所以制定这类决策时，可以把时效性放在首位，当

❶ 李志刚.创京东——刘强东亲述创业之路[M].北京：中信出版社，2015.

得到70%的信息时就可以快速决策，而不必等到获得90%的信息，那时已经为时太晚，机会很可能在等待过程中就已经错失了。❶

顶新集团和统一集团是创立于中国台湾的两大食品龙头企业。其中，统一集团比顶新集团更早在中国台湾打响品牌，成为食品业的龙头老大，但顶新集团却凭借快速决策，抢先一步占领了大陆的大部分快食面市场，成为后来居上的典范。

20世纪90年代初，大陆的快食面行业虽然经过十多年的发展，依旧没能出现领头羊。虽然方便面生产线众多，但品牌杂乱、包装简陋、品质参差不齐。

这一局面引起了港台商人的重视，群雄角逐之下，顶新集团凭借速度抢占先机，研发出"康师傅"这一新产品，并不计成本投入，通过报刊、电视等多渠道进行推广、营销，在大陆掀起抢购康师傅的热潮。自1992年"康师傅"品牌在大陆诞生，顶新集团以惊人的速度一举登上中国快食面行业的"顶峰"，而统一集团因为慢了一步，就此错失占据最大市场份额的先机。❷这个案例再次证明了快速决策对企业成功的重要意义。

鼓励快速决策，除了有提高执行效率的考虑，还有利于营造一种创新氛围。决策要抢时间，考虑难免不够周全，鼓励领导者快速决策，也允许试错，明显与创新的特点相契合。创新走的是别人没走过的路，没有经验可循，自然不能保证不出错。同时，创新又要抢占先机，赶在竞争对手前抓住机遇，所以行动力非常关键。京东更看重决策的时

❶ 史蒂夫·安德森，卡伦·安德森. 贝佐斯致股东的信[M]. 汤文静，译. 北京：北京联合出版有限公司，2021.
❷ 芝龙. 顶新"身手敏捷"胜统一[N]. 中国现代企业报，2007-01-12（A02）.

效性而不是准确性，不但更易于在多变的市场中占据主动，而且能够激活团队的创新因子，锤炼出制胜的法宝。

⊙ 浮上来，沉下去

在一个组织中，领导者掌握着更大的话语权，同时又要快速作出决策，其自身就要具备很高的决策能力，否则很容易走"独断专行"的极端，使企业在错误的道路上一去不回，最终分崩离析。

那么作为领导者，如何提高自己的决策能力呢？最为重要的一点，是掌握充足的信息。

有一位父亲和儿子一起去瑞士爬马特霍恩山，但两人都没有多少爬山经验。为此，他们请来了一位专业的登山教练，向其广泛学习了诸多攀登技巧。在正式爬马特霍恩山之前，两人已经了解了登山扣、岩钉和不同牵引绳等登山必备工具的承重能力，还掌握了通过重力判断登山时岩石的压力点，以及手与岩石的摩擦力大小等知识。充分的准备让他们在登山过程中虽然遇到了困难，但最终仍取得了成功。❶

与登山相似，领导如果想快速、准确地作出决策，就应该掌握尽可能全面的信息，以降低决策难度。当然，掌握信息也有方法。作为领导者，不但要对基层业务有深刻的理解，而且要能从局部跳脱出来，具备"上帝视角"，从全局出发，作出正确的决策。领导者所处的层级越高，就越需要具备这种能力。

好的领导者都是出色的战略家。刘强东之所以能够高瞻远瞩，在多个决定京东命运走向的关键节点作出正确的战略决策，离不开他平

---

❶ 罗杰·道森. 赢在决策力 [M]. 刘祥亚，译. 重庆：重庆出版社，2010.

时对掌握信息的重视。京东创立初期，刘强东对京东的管理可谓事无巨细，甚至对每个业务末端的细节都了如指掌。对市场信息的精细化掌握，帮助刘强东在竞争者未能发现商机时占据主动，及时作出前瞻性决策。

2008年，刘强东决定进军大家电，这个决定甚至比当时他提出自建物流时受到的争议还大。因为放眼世界，电商自建物流还有先例，但卖大家电却没有商业模式可循。当时京东线上IT数码做得风生水起，甚至很快就可以盈利上市，但开拓大家电品类，无疑又是一个无底洞，什么时候能赚钱谁也说不清。尽管如此，刘强东凭借掌握的信息，还是坚定地将这一战略推行下去，从而取得了巨大成功。

大家电品类利润更为丰厚，同时品类增加也能进一步满足消费者的购物需求。这是刘强东直接与客户接触后得出的结论。当时京东的四个大区每半年就召开一次网友见面会，刘强东都会参会。平时，他还经常充当后台客服、逛论坛，通过这些方式掌握消费者需求，分析京东的不足。在此过程中，刘强东逐渐意识到，客户会从丰富的品类中获得更好的体验，如果到京东购物只能买到数码产品，短时间内可能不会出什么问题，但长此以往，京东的竞争力就会削弱。毕竟，消费者对数码产品的需求不像食品、服装等品类那样旺盛，消费能力有限。

电视、空调、冰箱等大家电上线后，京东的3C产品至此全线搭建完毕。此后，在刘强东的主张下，京东又开始向全品类扩张，陆续上线图书、日用百货、食品饮料等产品。每次扩充品类，刘强东都会和其他高管一起收集消费者的需求信息，这一过程有时甚至会超过一年。

在作决策时，领导者除了要掌握前端的需求，还要有把控全局的能力。如果对细节足够熟悉，领导者往往会更加自信地作出决策，但如果不能从琐碎的细枝末节中脱离出来，用综合的眼光去看待问题，那么作出的决策可能会是片面的，不但不能取得预期的效果，甚至可能会阻碍业务的发展。

20世纪90年代，著名白酒企业五粮液发展势头正猛，品牌知名度得到极大提升。当时，五粮液制定了"一业为主，多元发展"的战略，向金融、日化、高分子材料、集成电路、医药等产业进军。然而，这些产业虽然需求旺盛，但与五粮液自身的定位不符。五粮液看到了其品牌对消费者的影响力，但没有考虑到酒和汽车、芯片、化妆品等产品之间没有强关联，贸然投身这些产业，不但没有扩大品牌影响力，还对其在白酒行业的品牌信誉造成了损伤。

对于京东的领导者而言，作决策时不仅要考虑前端的需求，而且要看公司是否具备满足相关需求的能力。

21世纪初期，随着城镇化速度不断加快，农村购买力得到显著提升，相对于各电商巨头竞相争夺的城市市场，农村市场还是一片蓝海。尽管农村市场前景一片大好，也有物流和服务的优势，但京东在正式进军农村电商市场前仍做足了准备。

当时，李贺明是京东农村电商战略的负责人，他与相关业务部门一同实地调研了四川、湖北、陕西等地的数十个乡村，对农村消费者的消费需求进行全面了解。与此同时，他们考虑到京东的进入可能会对农村的利益格局有所冲击，且需要投入大量人力、物力和财力，所以还从商品流通层面与农业生产层面的需求进行了考察，为后期京东在农村的快速扩张奠定了良好基础。

"浮得上来，沉得下去"，这是京东领导者的决策智慧。一个优秀的领导者应该熟悉团队业务，并不断拓展视野，及时感知市场变化，

第四章　领导"三力"

为团队制定发展目标。正如优秀的船长能够带领船员在波澜起伏的大海中顺利到达目的地，好的领导者同样能够带领团队在变幻莫测的商海中夺取胜利的桂冠。

第二节
时间力

领导者在时间管理上的高明之处，在于能够制定清晰目标，有效规划什么时间做什么事，并能够适时放权给手下的管理者，将有限的精力放在对大事的管理上。刘强东早期的管理风格偏向于事无巨细的细节管理，但当京东成长为庞然大物时，这种管理方式已不再适用，于是刘强东及时改变管理策略、下放权力、只抓重点事务，按轻重缓急来安排时间。在他的影响下，京东的其他领导者也非常重视时间管理，在张弛有度中高效工作、创造财富。

⊙ 每天从早会开始

对于京东所有部门经理级别以上的管理者而言，每个工作日都从八点半的早会开始。十几年来，早会已经成为京东管理者的惯例，后来者一开始虽然不习惯，但时间一长，也自然将其视为生活中的一部分。

刘强东是早会制度的制定者和最彻底的执行人。即便他前一天工作到凌晨两三点，第二天清晨八点，依旧能够在会议室准时看到他的身影。除了特殊情况，十几年来从无例外。

京东正式上班的时间是九点，八点半开早会并非硬性要求，但是管理者还是在刘强东的影响下养成了这种习惯。一些之前在外企上班的高管刚到京东时，不但不会提前参加早会，还会迟到。虽然刘强东没有对他们提必须参加早会的要求，更没有要求他们前一天晚上加班后第二天还准时参会，但是在京东工作一段时间后，他们也和其他管理者一样养成了准时参加早会的习惯。

京东之所以将开会时间定在每天早晨，有以下三点原因。

第一，对于大多数人而言，一天中清晨精力最旺盛，此时开会不但能够缩短处理核心问题的时间，还不会过多占用执行时间，一举两得。

第二，会议上要汇报工作，所以参会者要在前一天晚上对当日工作的数据和问题进行反思，有助于提升管理能力。

第三，通过早会，大目标被分解成一个个具体的小目标。高管发挥集体智慧，对目标作出针对性解读，并及时掌握反馈效果，一旦出现偏差，能够及时纠偏。

早会看起来事小，但对于时间管理而言，却有重要意义。京东将每天的早会时间压缩在半小时内，这是因为会议时间过长会降低效率，半小时是管理者经过实践得出的最佳时限。

早会内容主要由重要数据、重要问题和解决方案、执行分工三大板块构成。通过早会，经营目标、完成程度、业务概况等变得清晰，项目执行时遇到的问题也被有条不紊地一一解决。

制定目标是最高效的时间管理办法之一。优秀的领导者能够通过

第四章　领导"三力"

制定清晰目标为团队指明奋斗方向、提升凝聚力、减少工作压力。做任何事情都需要设立目标，没有目标，员工就没有工作动力，有了目标，不够具体也不行，因为会花费更高的时间成本，创造的价值也会大打折扣。

很多企业开展业务时，不管三七二十一，先干了再说。但这样一来，员工没有清晰的方向，不知道干多少合适，干到什么程度才算好。结果既浪费了时间和精力，成果质量还不高。

华为在早期发展中也遇到过类似的问题。当时华为员工每天加班加点、辛勤工作，但一段时间后，工作结果却远不如预期。经过调查，原来他们工作时并不清楚目标，只是按照指令行动，导致执行结果与目标产生较大偏差，做了很多无用功。原因找到后，华为针对该问题制定了解决方案，提出"先瞄准目标，再开枪"，帮助员工确立与企业目标一致的工作目标，更加高效、精准地完成工作任务、降低时间成本。

京东通过早会，使各部门管理者一方面对阶段性工作目标形成更加清晰的认识，另一方面受早会的快节奏影响，对执行的紧迫性形成潜在意识，进而身体力行，成为团队成员对标的榜样，在八小时工作中释放出更大的效能。

在京东，除部门经理级别以上的管理者要参加早会外，其他管理者也要遵循早会制度。八点半开始的高管早会结束后，紧接着就是九点开始的部门早会。一开始，京东的员工数量还不多，所有员工都要参加部门早会，后来公司业务急速扩张、员工数量激增，就由部门中的小组负责人参会。

部门早会与高管早会的主要板块相似，都由重要数据、重要问题和解决方案、执行分工构成。部门负责人先筛选出高管早会上的关键信息，然后告知小组负责人，由其进一步向下级传达。通过这种方式，公司的战略在第一时间就能够传递给其他未参会的管理者，当天上午所有基层员工就能收到指示，保证了信息传递的时效性和准确性。

早会制度体现了京东领导者的时间管理智慧，每天从早会开始，看似花费了很多时间，但从企业的长远发展来看，短短的半小时大大降低了时间成本，为后续的企业管理奠定了坚实的基础。

⊙ 集中精力办大事

2009年，京东正值扩大经营品类的关键时期。繁多的事务铺天盖地而来，刘强东常常凌晨回家，清晨六点就起床继续奋斗。有一天，母亲又一次看到他早早地起床工作，既心疼又不解："你为了什么？"刘强东能理解母亲的感受，她心疼自己如此操劳，同时也不理解自己为什么已经挣了这么多钱还这么拼命。❶

他很难逻辑清晰地打消母亲的疑虑，因为汹涌澎湃的激情来自何方，自己也难以回答。或许，这是很多杰出创业者心灵相通却难以言表的共同感受。

虽然刘强东的创业激情非常强大，但是人的精力毕竟有限，随着京东业务的进一步扩张，他渐渐无法再像过去那样对所有的管理细节了如指掌。琐碎的事务、大大小小的会议、被打乱节奏的生活……他甚至不再有一段完整的时间用以思考公司的战略走向是否正确、组织结构是否科学、人才体系是否需要调整等对公司发展至关重要的大事。

---

❶ 刘强东. 我的创业史 [M]. 北京：东方出版社，2017.

在这种情况下，刘强东意识到他应该做好时间管理，公司的决策不应该由他一人推动，而应授权给其他高管，发挥团队的力量。至于他自己，则应集中精力处理更重要的事务。

美国电子数据系统公司（EDS）的创始人罗斯·佩罗曾经说过："凡是优秀的、值得称道的东西，每时每刻都处在刀刃上，要不断努力才能保持刀刃的锋利。"❶领导者不应出于责任感亲自参与每件事的决策，而应对重要性更大的事情投入更多的精力。

经济学界著名的二八定律放到管理学上同样适用。领导者不像流水线上的生产工人，每天都要严格按照工作流程进行生产作业。在处理日常事务之外，领导还需要运用管理智慧，进行创造性工作。这就意味着他们要对手中的工作进行二八划分，减少处理不重要事情的时间，将更多的精力用在20%的关键事情上。

事实上，所有的工作都有轻重缓急之分。作为领导者，如果不能将精力集中在重要的事情上，不但不能处理好所有事情，而且会阻碍下级的成长，破坏自身的领导力。

如果花费太多时间在意义不大的事情上，处理重要事情的时间就会不够，繁多的事务会占据过多时间，但产生的价值却不会太大，这也是忙碌不等于高效的原因。

忙碌的状态不可持久，时间安排得太满，只会增加工作压力，导致精力分散、决策出错。与其把所有事情抓在手中，不如删减没必要做的事情，将次要事务交给其他人来做。

优秀的领导者懂得适时放权，就像刘强东于2013年远赴美国上学，

---

❶ 赵凡. 德鲁克说管理[M]. 沈阳：辽海出版社，2017.

将公司交给团队经营一样。纵观京东的管理脉络，2013年绝对是一个重要的转折点，自那以后，京东再也不是首席执行官冲锋陷阵、大包大揽，而是群策群力，发挥"蜂巢式"的巨大能量。

在2013年京东进行的三大改造中，授权协作流程是流程再造的重要一环。根据该流程，京东高管需要集中精力做好分配的工作，同时要完成分工，仅靠个人能力远远不够，必须进行协同作战。没有刘强东居中协调，高管们必须依靠自己的力量做好一切，在实践中有效提升团队作战能力。

授权制度推行后，刘强东感受到的最直观变化是：开会的时间大大缩短。在此之前，从早会开始，他全天的工作时间就被各种会议占据，每当他打算思考重要战略时，就有人找他开会。刘强东静下心来细想：自己在这些会议中并非不可或缺，很多高管的专业性和业务能力都很强，他们的工作完全不需要自己过多干涉。

事实也是如此，没有刘强东参会，京东依旧保持了蒸蒸日上的发展势头。虽然一些高管因为和刘强东的沟通变少而感到不被重视，但在大环境中，也渐渐适应了这种充分授权的机制。

以采购部门为例。每年京东都会采购价值几百亿的商品，但无论采购金额有多大，刘强东都不过问。他将权力充分授予采购部的负责人，让其自主决策，财务部不需得到刘强东同意就能直接拨款。虽然充分授权可能存在贪腐风险，但明显利大于弊，否则几十块钱的支出都要刘强东签字，而一家公司在运转过程中会产生大量细碎工作，这会让他陷入其中，没时间思考更加重要的宏观问题。

在组织中，领导者所处的地位越高，越不需要事必躬亲，而应"抓大放小"，做更多偏向于战略性的工作。领导者要将精力放在重要

第四章　领导"三力"

的事情上，同时给予团队成员充分的信任与适度的权力，使团队在密切协作之下高效工作，做时间的主人。

⊙ 时间有节奏

1992年，一种高效的时间管理办法被弗朗西斯科·西里洛创立，这就是著名的番茄工作法。弗朗西斯科·西里洛将30分钟划分为一个番茄时间，其中工作时间为25分钟，剩下5分钟用于休息。每4个番茄时间，也就是2小时的工作过后，再休息15分钟到30分钟。❶

采用番茄工作法，意味着每2.5小时就有0.58小时到0.83小时被用于休息，如果严格按照8小时工作制上班，实际工作时间只有6小时左右。这不由得让人发出疑问：休息真的能够有效提高生产力吗？

无数实践证明，工作时适度休息不但不会造成懈怠，反而会使过度紧绷的神经得到放松，从而在下一阶段的工作中更加精力集中、充满活力。休息一方面能够放松自己，有益于身心健康；另一方面，也能够让大脑有时间思考已获得的信息，并做好获取新信息的准备。

京东的高管平时工作任务很重，难得有休息时间。但即便如此，他们每年也要想办法挤出一段时间用来休息，这样才能更好地调整状态，用更加清醒的头脑应对之后的工作。

从2008年开始，刘强东养成了给自己放长假的习惯。这一年，他向公司借了120多万元买了一辆悍马车，然后开着这辆车穿越沙漠。

沙漠广阔无垠，人身处其中很容易感受到自身的渺小。远离城市，

---

❶ 弗朗西斯科·西里洛. 番茄工作法 [M]. 廖梦韩，译. 北京：北京联合出版有限公司，2019.

远离网络，被无边沙海包裹，时间似乎放慢了脚步。刘强东暂时放下了公司事务，全身心都得到了放松。目之所及不再是一份份等待批复的文件，耳中所闻不再是嘀嘀响个不停的消息提醒。大漠孤烟、天地开阔、万籁俱寂，在大自然面前，他的内心获得了前所未有的宁静。

通过穿越沙漠，刘强东不但释放了工作压力，而且对公司的战略发展形成了更加清晰的认识。这以后，穿越沙漠就成了他休息的必选方式，直到中国所有大小沙漠都被他成功穿越才终止。这期间，他每次穿越沙漠都会花费半个多月时间，其中最久的一次是穿越拉萨的沙漠，用时18天。

现在，刘强东之所以不再穿越沙漠，一方面是因为这种方式对他来说已经不再具有挑战性，另一方面是因为沙漠旅行存在一定的风险。作为京东的CEO，单枪匹马穿越沙漠是对公司的不负责任，不够现实。所以每次沙漠之旅，都是十几个人开三五辆车结伴而行。这样一来，旅途的劳累加上必要的交流，刘强东还是没能获得绝对安静的思考环境，这也是他后来选择到大学校园寻找思考空间的原因。❶

无论是去穿越沙漠，还是去大学进行自我提升，都是保持时间节奏的方式。很多领导者因为工作任务繁重，周内拼命加班，周末也不休息，长时间保持快节奏、高压的工作状态，不但容易导致焦虑，不利于身体健康，而且不利于企业的持续发展。因为这样一来，领导者就没有思考时间，不能对过去的工作进行复盘，以及对未来的方向进行探索。

领导者要掌握时间的节奏，做到张弛有度，既不过分松懈，也不过度紧绷，在平时的工作中，要为思考留出一定的空间。此外，当一

---

❶ 刘强东. 刘强东自述：我的经营模式 [M]. 北京：中信出版社，2016.

段高强度的工作过后，出于健康和更好工作的目的，还应该给自己放一次长假。因为这时候短时间的休假已经不再能够满足需求，必须通过长时间休息放松自己，以免失去对工作和生活的热情与新鲜感。

除了使自己的时间保持节奏，领导者还要为团队成员合理规划时间。过于频繁的加班会使员工产生不满情绪，从而影响身心健康和工作效率。领导者应该与员工一同分析导致加班的因素，除必要的加班外，规避那些因效率低下导致的加班。

2009年，上海分拣中心管理出现问题，余睿"临危受命"，接手了这个别人眼中的"烂摊子"。由于当时情况紧急，他将自己的休息时间压缩到最短，每天工作时间超过14小时，周末也不休息，甚至还出现过连续30多小时不休息的情况。

余睿把自己的时间节奏安排得很紧，但为员工安排的时间节奏却很"松"。经过一两个月的整顿后，原本混乱的上海分拣中心渐渐恢复了正常运转，他立即开始制定排班制度，让员工分早晚班、不加班工作。有位开发票的女员工5点钟准时下班后，出了仓库又转回来专门感谢余睿："谢谢，我来京东半年了，今天是我第一次下班的时候还能见到太阳，天没有黑。"❶

领导者不但要掌握自身的时间节奏，也要对团队的时间节奏负责。时间节奏合理，不但利于领导者更加高效地制定战略、管理团队，还能使团队的凝聚力和战斗力得到极大提升。时间是一把双刃剑，作为领导者应该掌握好时间的尺度，在张弛有度的时间节奏中带领团队不断变强。

---

❶ 李志刚.创京东——刘强东亲述创业之路[M].北京：中信出版社，2015.

第三节
情绪力

优秀的领导者不但要有决策力、时间力，还应该具备情绪力。正确发挥情绪力的作用，对领导力提升有重要的推动作用。京东的领导者非常注重在管理工作中发挥情绪力的影响。虽然他们也会产生烦躁、焦虑等负面情绪，但很少让人察觉到这些情绪，员工从他们身上感受到的总是自信、坚定、乐观等给人正能量的情绪。正是受到这些正向情绪的激励，京东人才能在实践中激发潜能，凝聚出强大的战斗力。

⊙ 优秀的领导者都善于管理情绪

在管理过程中，领导者作为核心执行者，其情绪力不但影响自身的领导效能，还直接关系到团队的成败。优秀的领导者在管理工作中，不但具备充分的自我情绪觉察力，还能够巧妙地利用情绪力，调动、激活员工的情绪，营造轻松、积极的工作氛围，提高团队的工作效率。

在组织中，领导者的地位越高，越受员工关注，所以一言一行都要谨慎，要做好情绪管控。长期处于高压之下，加之人际关系复杂、市场环境激荡，领导者难免出现负面情绪，这并非不能理解。但作为领导者，应该找到合适的渠道宣泄这些不好的情绪，尽量少在员工和其他商业伙伴面前表现出来。

少量的负面情绪或可使领导者更具真实性，然而一旦超过限度，就会造成消极影响，阻碍团队的良好运转。相反，如果领导者能够控制好自己的情绪，那么即使企业面临的外部环境很艰辛，员工也会从领导的稳定情绪中汲取力量，与公司共渡难关。

2008年8月，美国房贷两大巨头房利美和房地美股价暴跌，金融危机以美国华尔街为中心迅速向全球蔓延，资本市场迎来又一场寒冷的冬天。此时的京东，已经把第一轮融资得到的1000万美元全部用在自建物流上，资金链面临中断风险。

2008年3月时刘强东已经做出再次融资的决定。当时京东业绩出色，很多投资人看重公司的发展潜力，向刘强东抛出了橄榄枝。出于谨慎，他没有立刻做决定，而是在几家公司间反复衡量。然而，金融危机的深度和广度让人始料未及。当年10月，已有明显投资意向的几家公司都没了下文，一时间，京东到了生死存亡的危急关头。

那段时间，中国或知名或不知名的投资人，几乎被刘强东找了个遍。最多的一次，他在短短一个星期内见了42个投资人，向每个投资人反复宣讲京东的商业价值、经营理念和战略布局。

受金融危机影响，投资人在投资时更加保守、谨慎，尽管刘强东讲得声音都嘶哑了，但是他们显然更关心京东何时能盈利，所以不愿承担过高的风险为京东投资。

那时，资金链成为悬在刘强东头上的一把利刃，让他感到痛苦和恐惧。这些负面情绪强烈到，仅一个月时间不到，当时只有35岁的刘强东就愁白了头。如果不能及时得到投资，京东很可能会因为资金链断裂而倒闭。对于刘强东而言，这不仅意味着财富损失，更多的是无法面对那些出于信任而选择跟随他打拼多年的兄弟。

不过，这些强烈的负面情绪被刘强东控制得很好，员工看到的仍然是一个坚定、自信、强大的"东哥"。为了释放负面情绪，刘强东在压力最大的时候经常一个人去喝咖啡，融资的事情只有助理缪晓虹和管金融的陈生强两人知道。资金最紧张的时候，供应商不停催款，不给钱不交货，而一旦把钱给了供应商，第二天的工资可能都发不出来。❶

即便如此，刘强东仍然自信地为员工们展示着京东的"宏图霸业"，不断告诉大家，京东马上就有钱了，日子要好过了。凭借这股自信，京东真的等到了转危为安的奇迹。

领导者情绪稳定，员工就能正常开展业务，各部门有条不紊地运转，支撑着京东成功等到第二轮融资到账。试想，如果刘强东因为压力过大而没能控制好情绪，高管层受到影响人心不稳，进而导致全公司管理出现问题，即便成功得到第二轮融资，其发展势头也会受挫，更不会取得之后快速发展上市的好成绩。

在平时的管理工作中，领导者应该有意识地锻炼自己对情绪的掌控力。情绪稳定不但有利于领导者在发挥领导力时保持清晰的思维和得体的举止，而且能够使执行过程更具确定性。反之，如果领导者总是将焦虑、愤怒、厌恶等负面情绪表现在下属面前，不但不利于自身的健康，还会给团队带来破坏和谐、降低工作效率、优秀人才流失等负面影响。

---

❶ 李志刚.创京东——刘强东亲述创业之路[M].北京：中信出版社，2015.

有一家公司的老总因为在和对手的竞争中失利而气愤不已，屡次在高管会议上批评下属，指责他们的工作做得不到位，导致公司失去了很大的订单。一段时间过后，这家公司的离职率骤然上升。在调查他们离职的原因后，老总发现正是前段时间自己的情绪失控导致其中一位高管被猎头挖走，进而产生了连锁效应，加剧了人才的流失。经过反思，该公司老总及时纠错，在下属犯错时采用温和的激励方式而不是粗暴的指责，并注意控制自己的情绪，终于使团队重回稳定。

除了控制自身的情绪，领导者还肩负管理员工情绪的责任。一方面，领导在制定制度时，要充分考虑员工的情绪，对于可能会导致大多数员工产生负面情绪的制度，一定要审慎分析其存在的必要性，如果一定要制定，也要尽可能说服员工，得到大多数人的认可。另一方面，在日常工作中，领导者要及时了解下属的情绪走向，在其情绪消沉时，用正向情绪感染对方，将负面情绪的影响降到最低。

以客户为先是京东价值观的核心部分，而客服要与客户产生直接联系，所以他们的情绪好坏非常关键。客服每天要接很多电话，有时难免会遇到不讲理的客户。有个做售后的客服脾气急，一次遇到一个客户要求退货，但并不合理，他和客户讲明原因后，客户依旧不依不饶，还说了很多难听的话。他一时火冒三丈，摔了电话。这一幕恰好被他的领导看到，于是找他谈心。

了解原因后，领导安抚了他的情绪，还指导他下次如果遇到类似的客户，实在无法沟通，就委婉地挂断客户的电话，让同事帮忙回复。通过这种方式，该客服渐渐变得更加有耐心，甚至后来有客户上门闹事，差点把他打了，他都控制住了自己的脾气，一边拍照取证，一边报警，没有使事态进一步恶化。这种转变，正是因为领导做到了及时发现员工的情绪波动，并帮助员工管理情绪。

领导者管理员工情绪的方式有很多，具体有：多与员工沟通，倾听他们的诉求；巧妙化解人际冲突，为员工营造轻松的工作氛围，培养优秀的组织文化；增强心理健康方面的培训，及时为员工疏导负面情绪等。领导者和员工共同做好情绪管理，有助于企业或团队培养、发挥出强大的凝聚力和战斗力。

⊙ 传递正向情绪

人类社会进入工业时代以来，对智力和创新能力的追求渐渐以压倒性优势战胜了对情商、社交关系等软实力的重视。在企业管理方面，商学院的课程也更加偏向战略管理、营销管理、组织管理等操作性更强的科目，较少设置沟通管理、情绪管理等偏软性的课程。但随着社会的进一步发展，人们逐渐意识到情绪力对企业管理的重要意义，并开始注重培养相关能力。

20世纪末21世纪初，一种与智力和智商相对应的概念——情绪智力在心理学界和商界广泛传播。有"情商之父"之称的哈佛大学心理学博士丹尼尔·戈尔曼分析了世界上121家公司与组织的181个职位的胜任特征模型，得出了67%的胜任特征与情绪智力相关的结论。❶

领导者通过管理自身情绪，借助无意识的情绪感染和有意识的策略手段，管理、引导和调节组织成员的情绪，营造良好的组织情绪氛

---

❶ MBA智库·百科. 情绪智力[EB/OL]. https://wiki.mbalib.com/wiki/%E6%83%85%E7%BB%AA%E6%99%BA%E5%8A%9B.

围，能够调动员工的工作热情和工作积极性，从而更快、更好地完成工作目标。情绪有积极和消极之分，要实现这一目的，领导者在领导时需要向组织成员充分传递正向情绪。

根据情感事件理论，员工会对工作事件产生相应的情绪。其中，领导者是员工的重要工作环境因素，会在较大程度上影响员工的情绪。员工的工作满意度和积极情绪出现的频率与领导者的情绪智力呈现正相关关系。[1]

刘强东是一个非常善于利用情绪领导力的领导者，就像一个优秀的领袖，将优秀人才紧密地聚拢在自己周围，形成超强的团队战斗力。无论是在工作中，还是在生活里，他似乎永远充满活力、充满激情，为员工注入强大的动力。

领导者向员工传递信任、鼓励等正向情绪，能够让员工树立信心，在执行过程中更加果敢。很多员工能力很强，但业绩表现一般，究其原因，是他们不能很好地管理自身的情绪，在工作中不能充分发挥自身的价值。对于这类员工，与其通过大量培训提升他们的能力，不如通过诸如"我相信你能做到"这类的鼓励语，在他们心中留下强烈暗示，支配他们的情绪，帮助他们树立强大的信心。

曾为京东京造掌门人、京东自有品牌业务负责人的京东集团高级副总裁王笑松于2008年正式加入京东，历任手机数码、消费电子、生鲜、大快消等重点业务部负责人，在担任生鲜事业部总裁时，还推动了7Fresh项目的成功落地。

王笑松是京东首批引进的职业经理人之一，深受刘强东信任。在

---

[1] 万金，潘堃婷，孟令强，等. 情绪领导力对下属工作投入的影响：下属积极情绪的中介与积极情绪易感性的调节 [J]. 领导科学，2021（14）：67-70.

到京东之前，他已经在沃尔玛取得了不错的收入和地位，选择加入京东这家在当时声名不显的公司，很多人都不理解。其实，王笑松之所以选择京东，很大程度上是因为被刘强东强大的魄力感染，觉得自己能够在京东找到人生的大舞台。

事实也是如此。王笑松用一个很亲切的词——"老刘"称呼刘强东。在他看来，刘强东对待自己不像是一个CEO对待一个职业经理人，而更像是对待自己的兄弟，给予了自己很大的信任。

王笑松经常和供应商打交道，有的供应商和京东合作时，要求预付一定金额的货款，然后才发货。平时几十万的预付款，他自己签了付款申请单就去找财务要钱，但有一次供应商要500万的预付款，他有点没底，就去请示刘强东。

对于王笑松的这一行为，刘强东心有疑惑。因为按照公司的授权机制，王笑松自己就能做决定，不需要问自己。对此，王笑松表示这次预付款金额过大，所以向他汇报。刘强东当即表示：公司给你的签字权限没有上限，你签字，财务就会给钱，不用告诉我。离开刘强东的办公室后，王笑松心中涌起一股"士为知己者死"的豪情。这之后，他将京东视为自己的公司，倾尽全力付出，取得了不少出色成绩。❶

在工作中，员工总会因为各种原因产生消极情绪，甚至出现失去信心的情绪低潮。在这种情况下，领导者应该充分发挥正向情绪的影响力，帮助员工从负面情绪中走出来，重拾对工作的信心和热情。

2009年，由于京东业务扩张速度过快，原有的客服团队分散在北

---

❶ 李志刚. 创京东——刘强东亲述创业之路 [M]. 北京：中信出版社，2015.

京、上海、广州三地，且没有独立办公空间，已经跟不上发展需求。在这种情况下，当年11月20日，京东在江苏宿迁成立了统一的呼叫中心，并将三地的客服团队调到这里集中办公。

宿迁呼叫中心刚成立时条件简陋，已经习惯了在北上广这样的大城市生活、工作的客服们带着简单的行李，风尘仆仆地来到公司为她们提供的宿舍，只一眼，就被当头泼了一盆冷水。

由于当时资金压力大，京东为她们提供的宿舍甚至连硬件设施都不完备，面积不大的宿舍里，三组上下铺孤零零地立在那里，竟然也有了宽敞的感觉。六人一间宿舍，除了光秃秃的床什么都要自己准备，好几个员工当场情绪崩溃，立马就想辞职。

宿迁呼叫中心当时的负责人是李绪勇，了解情况后，他在第一时间就为员工做了思想工作：公司正处在业务扩张期，到处都要用钱，困难只是一时的，等熬过这段困难时期，一切都会好起来。

除了为大家加油打气，李绪勇还与大家同甘共苦，从不享受"特权"。客服中心设在原有的宿迁开发区管委会办公楼，周围没有班车，连吃饭的地方都没有。宿迁的冬天很冷，但办公室和宿舍既没有空调，也没有暖气，李绪勇和很多员工一样，把脚都冻坏了。经理和主管与员工吃一样的饭，住同样的宿舍。员工在工作和生活上遇到什么困难，向领导一说，领导就会想方设法为她们解决。

领导们的乐观态度感染了员工，使这些刚刚离开校园不久的年轻人克服了恶劣的工作环境，以饱满的精神投入工作。❶

具备高情绪领导力的领导者善于调节员工的情绪，并通过正向情

---

❶ 李志刚. 创京东——刘强东亲述创业之路 [M]. 北京：中信出版社，2015.

绪感染他们，使其在工作中更容易产生自信、喜悦、幸福等积极情绪。如今，人才趋向年轻化，年轻人才在选择公司时往往更加注重个人兴趣和工作氛围，而一个不断向员工传递正向情绪、营造良好工作氛围的领导者显然更受他们的欢迎。

第四章　领导"三力"

重新定义
京东

第五章

金子和铁锈

2021年，在中国民营企业500强榜单中，京东位列第二。这份成绩不仅是对京东业绩的肯定，更是对京东团队的肯定。刘强东曾说，公司成功和失败永远是团队的问题。为此，京东在团队建设上不计代价地投入，出台了一系列制度对人才进行筛选和培养，并深入贯彻"先人后企"的理念，用公平的薪酬绩效等制度吸引、考核、激励、留住人才。

第一节
4S人才观

在人才观方面，不同于过去由选才观、育才观、励才观组成的三角形模型，京东通过讨论形成了自成一派的人才观念，即"4S人才观"（JD Style、JD Stage、JD Speed、JD Success）。目前，它已成为京东独有的人才文化名片。

⊙ 第一个S：Style

对于任何一家公司，人才都是核心的组成部分，而对于京东这样高速发展的电子商务企业，人才的重要性尤为凸显。过去，京东的人才观可以概括为"一个中心，三个基本点"。其中，"一个中心"指以成长成就京东人为中心，"三个基本点"指重德重才选拔人的选才观、

全心全意培养人的育才观和能上能下激励人的励才观。❶

　　"一个中心"与"三个基本点"一起，组成了京东过去流行的三角形模型人才观。这样的人才观看上去中规中矩，没有什么大问题，但在京东集团人力资源管理者的眼中，没有特色正是其最大的问题。三角形模型人才观由外部咨询公司为京东打造，这种人才观或许也能培养出优秀的团队，但"万金油"式的提法，放到任何一家公司都通用，根本无法体现出京东的个性。

　　在这样的背景下，京东的人力资源管理者决定从京东内部出发，为京东人量身打造独特的人才观。2013年6月，京东首次圆桌式人才盘点启动，通过大量调查、讨论，全新的4S人才观"新鲜出炉"。

　　京东4S人才观的第一个"S"是Style，具体而言，指寻觅"京东范儿"，挖掘并培养有鲜明京东烙印的人才。什么样的人才才算具有鲜明的京东烙印呢？首先，必须符合京东的价值观。

　　人才的数量很多，但并不是所有的人才都符合京东的需要，社会上的所有人才中，或许只有10%的人才与京东的价值观相契合。京东人事为公司筛选人才的第一步，就是从海量的人才中筛选出这关键的10%。京东对价值观的高度重视，放在人才选拔上依旧适用，甚至可以说，对价值观的考核，在成为京东人之前就已经开始。

　　京东的人事一旦发现面试者曾经做出过与京东价值观相悖的行为，那么即便面试者的能力很强，足以胜任应聘的职务，也依旧会被京东坚决地拒之门外。京东将价值观视为人才选拔的第一要务，能力反而次之，只有价值观通过考核，京东的人事才会对留下的人才进行二次

---

❶ 鲁克德. 京东人力资源管理纲要 [M]. 北京：华文出版社，2019.

第五章　金子和铁锈

筛选，最终选出价值观和能力都与京东的发展相匹配的人才。

可以说，加入京东的人才都是具有"京东范儿"的人才。这些人才分布在京东的不同岗位上，与之相应，他们的"范儿"也表现出不同的特点。

快递员行走在大街小巷，风雨无阻地将包裹准时送达客户手中，让"最后一公里"畅通无阻，这是他们的"范儿"；客服用细心、耐心的态度为客户答疑解惑，做好售前、售中、售后服务，让京东的品牌影响力广泛传播，这是他们的"范儿"；内训师为京东人进行企业文化、入职拓展、业务进阶、领导力等方面的培训，让京东人的凝聚力与工作能力不断提升，为京东集团在电商领域的一往无前奠定了强大的团队基础，这是他们的"范儿"……

"京东范儿"是京东人的文化基因，各式各样的"范儿"让京东的人才呈现出百花齐放的活力景象。正因为京东对人才高度重视，才有了不断攀升的员工数量，以及近乎奇迹般的业绩增长，最终才能在竞争激烈的互联网世界杀出一条血路，成为笑到最后的赢家。

⊙ 第二个 S：Stage

京东4S人才观的第二个"S"是Stage，也就是京东大舞台。在京东，不管你的身份如何，是来自农村的贫穷学子，还是有留学经验的海归人士，只要优秀，就拥有发展的舞台。为人才提供充分和平等的展示机会，这是京东重视人才的关键表现之一。

2020年5月19日，刘强东发布内部信，在信中表示京东集团的使命将升级为"技术为本，致力于更高效和可持续的世界"。❶一直以来，京东都有超前的眼光，从创立开始，其目标就不局限于一时一地的得失。多年来的稳步发展，让京东实现了从亏损到盈利的转身，并成功上市，向成为"世界的京东"高速前进。

在客观上，快速发展的京东集团为京东人创造了巨大的机会舞台，不断增长的业务让京东始终表现出一种求贤若渴的人才观。在主观上，拥有"京东范儿"的人才被选拔出来加入京东大家庭后，公司会不断创新各种培训方式，为员工搭建学习平台，帮助他们提升业务能力，在各个领域展示自己的"京东范儿"。员工的能力不断提升，京东为他们提供的施展能力的舞台也越来越大。可以说，京东不乏让员工施展才能的舞台，只要员工的能力可以跟得上舞台搭建的速度，就一定能够在更大的舞台施展抱负。

如今的京东，员工人数已接近40万，而且这一数字还在不断增长。如此庞大的员工队伍，即便放眼世界的民营企业，数量也不会太多。为这种体量的人才队伍搭建舞台，挑战不可谓不大。

为让更多京东人有渠道展示自己的能力，京东创新出京东TALK和京东TV两个产品。❷京东TALK看上去有点像美国的演讲秀，京东员工能够通过京东TALK分享自己在相关领域、行业和具体业务上的知识和经验。值得一提的是，管理者不能登上这个舞台，只有专业人士，才能获得在铺有红地毯的京东TALK舞台上进行18分钟演讲的机

---

❶ 蓝鲸财经. 刘强东在老员工日发内部信，宣布京东集团使命升级 [EB/OL].（2020-05-20）. https://baijiahao.baidu.com/s?id=1667169554328774352&wfr=spider&for=pc.

❷ 刘强东. 看京东如何用互联网思维培训6万员工？[J]. 中关村, 2014（10）：86.

第 五 章　金 子 和 铁 锈

会。京东有个博士程序员，曾经在这个舞台上向大家讲述了自己正在研发的"虚拟试衣"程序，并因此成为公司的名人。通过京东TALK，他和他的研究都受到了大量关注。

至于京东TV，则有些类似多媒体制作和播放平台，其最初的创意来自"老刘有话说"。一开始，京东的管理者将刘强东的演讲视频按照不同主题剪辑成以10分钟为单元的若干片段播出，后来发现员工对这种培训方式接受度更高，于是衍生出全体京东人都可以把工作中的Know-How（技术诀窍）通过视频的方式记录、分享。❶

例如，京东的配送员能够把工作心得设计成短视频，自导自演，通过手机拍摄、传播，不但充分展示了自己的能力，还让新手配送员更快学习到什么是正确的配送方式，怎样才能将包裹快速送达客户手中……

京东大舞台为员工创造的是一个相对公平公正的发展环境，这一点可能是京东人始终充满激情和干劲的秘密之一。有能力的人只需专注于业务能力的提升，通过业绩获得包括薪酬、职位、地位等方面的公平回报，而不需要将精力消耗在职场复杂的"勾心斗角"中。

一部分从别的公司跳槽到京东的员工表示，在京东，他们获得了在之前的工作中不曾得到的尊重和回报。在上一份工作中，他们尽管也付出了同样多的努力，但是却迟迟不能得到晋升，究其根本，是原来的单位不能为他们提供施展抱负的舞台。

对于一毕业就选择加入京东的大学生来说，尽管无从比较，但从周围同学们的工作经历中，依旧能够看出京东的优势。大部分公司不

<hr>

❶ 马成功，庄文静. 京东怎样培训6万员工？[J]. 中外管理，2014（08）：86-88.

会像京东那样将如此多的时间和金钱用在培养新人上，他们更欢迎拥有丰富工作经验的人才来担任公司的管理层。但是在京东，情况则大不相同。缺乏工作经验的大学毕业生进入京东后，能够广泛接触各种业务，获得公司提供的全方位培训，并能根据自身能力得到相应的发展舞台，快速晋升管理岗位。

在京东工作，不靠家庭背景，不看与领导关系的远近，只凭借个人努力就能得到展示能力的舞台。这种透明而简单的晋升渠道，帮助京东锻造出一个执行力超强的团队。

⊙ 第三个S：Speed

Speed是京东4S人才观中的第三个"S"，意为以京东的速度，让你成长。京东内部流行着一句非常有意思的话："在京东，地球一天转两圈。"这句话揭示了京东富有魅力的地方——超快的发展速度。

京东的速度不仅体现在业务的增速上，还体现在京东人才的成长速度上。京东通过不断完善的人才发展体系，让京东人与公司一同快速成长。在京东这家始终保持创业活力的企业，京东人随时随地都会遇到各种挑战。在激情和压力之下，他们练就了一颗拼搏进取、大胆创新的心，通过不断提升、释放自身价值，加速成长。

一方面，京东为员工搭建了广阔的舞台；另一方面，员工的能力也应该适应这个舞台，这样才能构建双向促进的良好生态。为此，京东高度重视对人才的培训，通过培训让员工能力成长的速度跟上公司发展的速度。

2010年前后，京东的员工数量迎来了爆发式增长，从2009年年底至2011年年底，京东商城员工数量增长超过10倍。❶急速扩张的人才队伍给京东的人才管理造成了巨大的压力，因为员工数量在短时间内骤然增加，必然会使价值观等企业文化面临被稀释的风险。

对于这样的现状，刘强东果断地作出了应对策略：于2012年1月1日的京东商城年会上，宣布将培训上升为公司的战略之一。在此之前，京东一直注重对员工能力的培养，大概在2008年前后，开始搭建培训体系，并于2010年上半年将员工培训作为独立业务，负责培训的老师不再由人力资源部门的员工兼任，而是从原来的人事功能中独立出来，由专职充当。将培训上升为京东战略后，京东组成了公司的培训部，使京东人才的成长体系更加系统，人才成长速度也更快。

如雪花般落下的订单、像蛛网一样蔓延的物流网络、不断扩张的销售品类……京东的舞台已经建好，但相应人才的成长速度还有待提升，尤其是仓储、配送、客服这样的劳动密集型岗位，对培训的需求更加明显。这使京东开始搭建"急用先行"的培训体系。❶

什么是"急用先行"？这是京东在业务暴涨的环境里，针对运营端的需求作出的培训策略——从业务细节开始进行培训，迅速提升员工的业务水平，以适应业务增长的需求，包括入职、企业文化、基础业务知识的普及性培训。只有满足了基层的运营需求后，才考虑针对基层管理者和中高端管理者的高端培训。

针对全国数百个城市的配送站，京东还制订了"大篷车计划"，为配送员传授公司理念和培训课程，并依据京东的发展需要，推出"十百千培训工程"，即在成千上万的配送员中，培养十个总监、一百

---

❶ 关有民，卜华. 京东是怎样搞员工培训的 [J]. 创业家，2012（02）：84-87.

个片区经理，以及上千个站长的储备人才。这一计划于2012年提出，到现在，京东在配送员中培养的储备人才数量已经远超当初的设想。正是在人才培训上不计成本地投入，才造就了奇迹般的京东速度。

除了对基层员工的培训，京东针对总监以上的人才搭建了"EMBA进修方案"。京东为此方案花费了6000万元巨资，并安排公司的中、高管分批到高校就读EMBA课程，提升他们的领导力和执行力。针对中低层管理人员，京东有"管理干部培训班"，对新毕业的大学生，有"管理培训生项目"。

随着公司规模的不断扩大，京东的人才培训体系也在逐层深入、步步推进，在吸引人才、培育人才、留住人才等方面取得了非常好的效果。

京东的培训体系还有一个显著特色，那就是所有员工接受的培训都是免费的，并且不具有锁定期，哪怕员工在培训期一结束就选择离开，也不用额外支付任何费用。或许一些企业家对京东的这项决策持怀疑态度：花费这么多的人力和财力进行员工培训，却不对他们进行限制，一旦这些花了大力气培养的人才选择跳槽，前期的投入岂不是"竹篮打水一场空"？

尽管可能会"白费力气"，但是在京东看来，用各种条件限制人才，使他们不是出于认同而是出于被动为公司工作，本身既是对人才的不尊重，效率也极为低下。京东希望拥有"京东范儿"的人才在同一个目标的号召下主动成长，在京东的大舞台上展示自身的价值。在这样的理念引导下，即便有员工经过培训后仍然选择离开，但人数也不会太多。

事实也是如此，如当初刘强东制定"EMBA进修方案"时，已经

第五章　金子和铁锈

考虑到其中30%的人才将会离开京东的可能，但是从多年的实践结果来看，情况远比当初设想的要好太多。

京东在员工培训上不计代价，为人才的快速成长提供广阔空间与畅通渠道，员工将心比心，也愿意留在京东这个舞台，加速成长，与公司共同进步，这种强大的内驱力成为缔造京东速度的关键一环。

⊙ 第四个S：Success

京东4S人才观中的最后一个"S"是Success，意为通过平凡的工作，收获精彩的人生。也许一个京东员工从事的仅仅是打包、客服、配送这样平凡的工作，但依旧能够创造价值，取得不凡成就。

不是只有站在聚光灯下，收获成千上万的鲜花和掌声才算成功。虽然很多人用金钱和地位作为衡量一个人是否成功的标准，但是这种观念是狭隘的，经受不住时间的考验，只有那些真正为社会创造价值的人生，才算是成功的人生。

在京东近20万自有配送人员中，宋学文是平凡的一员，但是他又是不凡的：因为在岗位上表现出色，他获得了2017年度的"全国五一劳动奖章"。

宋学文是全国电商企业中首次获得"全国五一劳动奖章"的配送员，而能够获得如此荣誉，离不开他在京东大舞台上取得的出色成绩。截至获奖时，他已经在配送员的岗位上兢兢业业地奋斗了五年多，将22万多件快递包裹送交客户手中。凭借耐心周到的服务态度，他没有接到任何一位客户的差评。

"零差评"的成绩，既是宋学文自己努力的成果，也是京东重视基层员工培训的反映。京东的配送员大多来自农村，或许他们的学历不高，但通过辛勤工作证明了自身的能力，从而收获了社会的认可和赞誉。

在京东工作，员工随时随地能获得被尊重的体验。对此，一些具有其他快递公司工作经验的员工感受更为明显。最直接的，就是京东与所有员工签订了正式合同，并为全员全额缴纳五险一金。

这听上去似乎很简单，但考虑到京东基层的蓝领员工数量是以十万为单位时，这一平凡的举动就变得不再寻常。

在员工人数还没有超过10万时，刘强东曾算过一笔账：京东如果学习中国的某些工厂或快递公司，通过劳务派遣或合作加盟的方式，让配送员等产业工人为公司工作，推卸为员工缴纳五险一金的责任，或者以地方政府规定的最低缴纳额为标准为员工上社保，那么每年约能节约25亿元的社保基金成本。❶

众所周知，刘强东创立京东之后，公司很长一段时间都处于亏损运营的状态，上市前甚至不时爆出资金链断裂的传言，引起供应商的恐慌。一些人即便对京东很有好感，但对其能否在亏损状态下生存抱有怀疑。即便这样，刘强东在为人才提供福利待遇上仍然不遗余力。在这样的公司上班，员工的幸福感可以想见。

京东始终坚持让员工活得有尊严的管理基调，在2016年，还将每年的4月28日设为"京东配送员日"，向在配送、客服、仓储等一线岗位上工作的广大基层员工表示敬意。

每年的"京东配送员日"，京东都会举办各种活动，让人们更加关注这些基层蓝领群体，了解他们的工作、生活，给予他们更多的认可。

---

❶ 李志刚. 创京东——刘强东亲述创业之路 [M]. 北京：中信出版社，2015.

第五章　金子和铁锈

例如京东商城在订单界面开通客户为配送员点赞的渠道，增强客户与配送员的联系和互动。又如对优秀配送员进行表彰，推出物流行业首个五星配送服务标准，促进全行业在物流服务方面的规范发展，为配送员创造受尊重的社会环境，帮助他们在工作中实现人生价值。

京东在管理上对基层员工表现出的尊重收获了良好效果。这些占据总员工七成数量的基层蓝领，对京东表现出极大的信任感，因而凝聚出超强的战斗力，创造了员工和公司共同发展的双赢局面。

多年稳步经营，京东逐渐构建起强大的品牌优势。在城市的大街小巷，配送员穿上京东的制服，开着遍布京东元素的配送车为客户投递包裹，自豪感油然而生。因为京东提供的大舞台，毫不夸张地说，很多没有背景的农村人改写了自己和家人的命运。

通过自身的不懈努力，京东最早一批来自农村的配送员不但过上了城市人的生活，还成为家乡人的骄傲。"70后"的徐文义就是其中之一。在加入京东成为一名配送员之前，他甚至没有接触过网购。由于担心上当受骗，徐文义刚入职时还从北京南三环骑自行车到南五环，实地察看了京东租下的仓库。当他亲眼看到仓库里摆放整齐的各种货物时，心里才有了底。

徐文义于2007年8月加入京东，从此便在这个大舞台扎下了根。京东配送正式启动后，他和另一位配送员共同负责北京西区的订单配送业务。第一天上班，西区只有3单货，他骑自行车从配送站出发，一个多小时后才将货物送到了12公里外的客户手中。

徐文义从底薪只有1500元的一线配送员开始做起，每送一单货，能够得到3元提成。一开始，配送业务量不大，但不到一年，随着京东商城订单量的飙升，徐文义开始变得忙碌起来，每天50单成了常态，遇到商城促销爆仓，忙都忙不过来，工资也很快涨到了5000多元。

从2008年开始，京东的配送站在中华大地上如雨后春笋般不断涌现，与之相应，对配送员的需求也开始激增，徐文义的弟弟、连襟和儿子都陆续加入京东，成了京东的一名配送员。其中，他的儿子从17岁就开始当配送员，工作几年后升任了京东北京八大处配送站的站长。

徐文义的老家在安徽阜阳，离北京约900千米。尽管坐火车不到7小时就能抵达，但由于工作繁忙，他很多年都没有抽出时间与父母妻女团圆。他的父母共养育了8个孩子，对于他们来说，在京东工作的徐文义是一个骄傲。

徐文义的故事是成千上万个京东配送员的缩影，他们在平凡的岗位上做着平凡的工作，却拥有不一样的精彩人生。京东对不同岗位上的员工报以同样的尊重，尽可能为所有人才提供公平的成长环境，帮助他们通过京东大舞台实现自己的价值，与公司共同开创美好的未来。

第二节
培养京东的鹰

一直以来，刘强东在管理和培养管培生方面，倾注了大量的时间和精力，甚至远超对京东集团副总裁的培养，这也是他最自豪的一点。对于京东而言，将管培生项目提升至战略高度，就是在京东内部培养高度契合京东价值观、真正熟悉京东业务并能够推动公司战略落地的中高层管理者。

⊙ 从 2 到 *N*

纵观京东的企业发展历史，2007年是一个关键节点。这一年，京东获得了来自今日资本的1000万美元投资。这是京东历史上的第一笔融资，有了资金的支撑，公司步入了发展的快车道，如一匹黑马般在电商市场上左冲右突，厮杀出一片广阔天地。

在此之前，京东新扩了笔记本电脑、硬盘等品类，与这部分供应商处在接洽状态，双方还没有建立信任关系，所以也没能得到账期。所谓账期，就是供应商向零售商供货后，到零售商支付货款的这段时间周期。对于零售商而言，在消费者为商品"买单"之前，货物只能停留在仓库里，只有将其售出后才能回笼资金。为尽量减少对公司流动资金的占用，零售商就向上游供应商要账期，有的账期甚至长达半年之久。

供应商不给京东提供账期，意味着京东只能"一手交钱，一手交货"。这样一来，导致本就不多的流动资金变得更加不足。加上公司与新蛋的竞争逐渐火热，资金周转不过来，向银行贷款的路也走不通，恰是这个时候，今日资本的徐新向京东抛出了橄榄枝，缓解了刘强东的"燃眉之急"。

一家创业公司能不能成为百年名企，拥有强大的团队至关重要。刘强东对此有清醒的认识，并多次在公开场合表示："如果有一天京东失败了，那么不是市场的原因，不是京东对手的原因，也不是投资人

的原因，一定是我们的团队出了问题。"❶

因此，有了钱后，京东开始在团队的核心——人才方面集中发力，也是从那时起，京东创建了后来大受赞誉的管培生培养系统——"京鹰会"（Trainee Eagle Team，TET）。现如今，京东每年都会从应届大学生中招收几十位甚至上百位管培生，以"为京东培养未来管理者"为目标，对他们悉心培养。

万事开头难，京东的第一届管培生只招收了两名。之所以如此，一方面是因为公司获得今日资本的注资后作出了两个重要战略布局，即向全品类扩张和自建物流，另一方面是因为刘强东的谨慎性格。

一直以来，京东都非常注重对成本的控制，而培养一个管培生，要付出很高的成本。一名管培生从毕业那天进入京东，前两年基本上是在培训中度过，而当时的京东还不像现在这样拥有很大的体量，招收的管培生过多，对成本会造成很大压力。

然而，缺乏内部人才培养的弊端很快显露。资本的力量注入后，京东的发展速度获得了前所未有的提升，而中坚力量的薄弱很快成为短板，限制了公司的持续发展。为了弥补这一短板，京东只能大量外聘中层干部，其数量甚至超过了公司全部中层员工的七成。在业务激增造成的人手不足困难面前，这种方式虽然在短时间内缓解了一定压力，但也形成了价值观被稀释等新的问题。这使刘强东意识到，有些成本是不能节省的，尤其是人才的培养成本。所以第二届京东管培生的人数就上涨至八名，此后更是不断攀升。

数量的增长并不意味着京东放宽了对管培生准入门槛的限制，甚

---

❶ 鲁克德. 京东人力资源管理纲要 [M]. 北京：华文出版社，2019.

第 五 章　金 子 和 铁 锈

至在某种程度上，这种限制会更加严格。因为随着京东越来越重视对管理人才的培养，一套选拔、培训的标准体系也在逐步建立。只有那些与京东价值观高度契合，对京东业务真正熟悉，能够推动京东战略落地的人才，才是京东迫切需要的中高层管理人才。

京东有一套自己的选拔管培生的标准，不但看重应聘者的沟通能力、逻辑分析能力、学习能力等基础能力，还要对应聘者是否具有团队合作精神和团队管理能力进行考核，只有以上全部过关的人才，才能成功成为一名京东的管培生。

京东招聘的管培生大多出身普通家庭，因为在刘强东看来，只有那些"真正能够一辈子吃苦的人"，才能在工作中不断拼搏、奋斗，带领京东攀上一座又一座高峰。

通过京东考核成为管培生，并非意味着端上了"铁饭碗"。为了激励人才不断成长，成为能够"挑大梁"的优秀管理者，京东从2010年起在管培生项目中引入淘汰机制：入职两个月后，每个管培生都要接受考试，考试没有通过的，将离开管培生队伍，或成为普通员工，或从京东离职。

在对一届又一届管培生的培养中，京东积蓄了强大的储备人才力量。这些通过公司精心培养的管培生，在"学成出师"后分散在不同的管理岗位，成为推动京东破浪前行的生力军。

数据有力地证实了京东管培生项目的成功：对于同样的职位等级，京东管培生比普通员工平均年轻4～5岁，离职率仅为普通员工的一半。另外，截至2016年8月在京东十届管培生项目招收的436名管培生中，已经有约一半的人成为京东经理级以上的管理者，其中20多位达

到了总监级别，有两位更是达到了副总裁级别。❶

毋庸置疑，京东的管培生项目为公司培养了很多管理层的核心力量，但这些人才究竟有多优秀呢？或许从他们火箭般的升职速度可见一斑。

出生于1982年的余睿是京东的第二届管培生，仅在公司工作了两年多，就升任京东华东区总经理，此时的他只有28岁，而在京东并购1号店后，他更是成为1号店的CEO；出生于1989年的张雱是京东的第五届管培生，在京东工作五年后，她于2016年接替刘强东成为京东旗下52家关联公司的法定代表人或执行董事；第五届管培生李瑞玉是京东上市时站在刘强东旁边的京东集团投资者关系部总监……

从第一届的2名管培生，到如今庞大的管培生群体，京东的管培生项目取得了从2到N的巨大成功。回过头来看，京东于2007年作出的这个决策，无论是对京东的人才管理而言，还是对京东的企业发展而言，都可被视作里程碑式的大事件。这个专为京东未来管理者而构建的培训体系，为一只只雏鹰提供着向蓝天冲锋的机会，也助力着京东未来的展翅腾飞。

⊙ 学习，学习，再学习！

2014年，京东在美国纳斯达克上市后，作为创始人的刘强东一时间成为媒体聚光灯下的焦点。在向外界分享成功经验时，他表示自己对管培生计划的满意度甚至超过了京东物流。由于之前因内部人才培

---

❶ 鲁克德. 京东人力资源管理纲要 [M]. 北京：华文出版社，2019.

养力量不足的问题吃了亏，刘强东此后在管培生计划上投入了大量资源，当然收获也非常可观。

京东对管培生的培养，一般需要花费3年左右的时间，这期间管培生的状态可以用"学习，学习，再学习"来概括。他们的学习方式非常具有京东特色，那就是不停地在实践中锻炼、学习，不断突破自我，最终成长为京东需要的"鹰"。

"雏鹰"傲翔

京东共分五个阶段来对管培生进行培养。第一阶段是为期3个月的雏鹰阶段。在这一阶段，京东为管培生提供了军训、企业文化培训、社团活动、总裁见面会等学习机会，帮助"雏鹰们"迅速了解、融入京东。

管培生加入京东后的第一课，就是进行18天的军训，而且是去部队军训。有的管培生一开始并不理解为什么都工作了还要像学生时代那样参加军训，但当军训结束时，他们就明白了：军训不仅能够锻炼他们的体魄，更多的还是能够培养他们的集体意识与合作意识。通过军训，同届的京东管培生能够在短时间内建立初步联系，从独立的个体成为一个具有凝聚力的团队。

第二阶段是为期3个月的展翅阶段。在这一阶段，京东通过讲授、见习、活动等方式，让管培生深入所选择的部门，学习专业的业务知识和工作流程，进一步培养他们的"京东范儿"。

进入京东后的前半年，管培生们几乎不会在任何一个固定岗位上工作。他们的任务，是像海绵一样去汲取尽可能多的知识，不断提升自己的成长速度。为此，他们需要在京东的每个部门、每个岗位上轮岗。轮岗不但能够让管培生熟悉公司的各种业务流程，逐渐适应身份的转变，还会让他们在培训期结束选择正式岗位时更加慎重。

第三阶段是为期6个月的搏击阶段。在这一阶段，管培生们要对前半年中所学到的知识进行消化式应用，通过在不同岗位上的角色转换，深入对不同业务领域的理解，继续提升自己的管理和领导能力。

第四阶段是为期1年的翱翔阶段。在这一阶段，管培生已经开始上手具体业务，拥有了不同职级。他们更加具体地参与到各部门的经营环节中，而老师们则根据他们的学习过程和学习成果，判断他们的个性和管理风格，并针对性地进行下一阶段的培训。

第五阶段是为期1年的傲翔阶段。在这一阶段，管培生们大多数已经成为京东的骨干员工，而老师们的任务是通过管理类培训，为这些学生提供符合他们职业发展需求的辅助支撑，以使他们未来在京东的发展道路变得更加宽阔。❶

不一般的待遇

每天早晨的总裁会，管培生都会轮流参加。会议桌中间坐着京东集团的核心VP（vice president，副总裁），一侧坐着总监级的高管，另一侧就坐着京东的管培生。每个月的总裁会，参会的管培生都会轮换一批人，这样就能保证所有管培生都能够对京东的战略形成清晰的认识。

此外，京东管培生还拥有"私教"待遇。每一阶段的学习成长都

---

❶ 孙向杰. 刘强东崛起的智慧[M]. 北京：群言出版社，2016.

第 五 章 金 子 和 铁 锈

设有目标，阶段学习结束后，管培生如果没有完成预设的目标，京东就会派出专业的老师与其沟通，帮助其分析问题、解决问题。每 1 ～ 3 个管培生，就有一位"精神导师"。这些导师由京东副总裁和总监层级中的优秀管理者充当，他们经常与学生们一同吃饭，加强沟通、定期指导，以"前辈"的丰富经验，帮助新生开阔视野、迅速成熟。

刘强东经常与管培生一同吃饭，与之相关的一个小故事很有趣。他在美国哥伦比亚大学读书期间，由于与京东缺乏联系，被股东认为得了癌症去美国治病了。DST 的创始人 Yuri Milner（尤里·米尔纳）还为此事专门去哥伦比亚大学找他。此时刘强东因为减肥瘦了 10 斤，似乎更印证了谣言。但实际上，他之所以瘦下来，是因为在美国的饮食变得健康了很多。

为什么在国内时刘强东不能保持健康的饮食呢？这与他经常应酬不无关系。刘强东在北京时，经常参加内部员工间的应酬，几十个部门每个季度都要轮流聚会。此外还有管培生，如果每年招收 100 个管培生，即便一年只和他们吃两次饭，按照一次和 10 个人吃饭的标准来计算，一年也要吃 20 次。

除了吃饭，刘强东还经常与管培生通过邮件往来。每周，管培生都会将自己所学的收获发给刘强东，年底时还会发年终总结。刘强东收到邮件后，不会因为这些内容出自职场新人而忽视，反而非常关注邮件中的问题，甚至会将其中的一些问题拿到早会上讨论，层层追责。这也是京东内部一句流行语——"防火防盗防管培生"的由来。

在美国哥伦比亚大学上学时，刘强东写了一封给第七届京东管培生的信，在信中不但分享了自己的工作和学习生活，还表现出对管培生的严格要求："大家轮岗的目的是学习，是学习内部流程。你们到各个部门不是去挑毛病的，你们可以带着问题、思考和改善的想法去学习，但是要和兄弟们战斗在一起，轮岗期间你们就是他们当中的一员！你们没有丝毫特殊之处……你们虽然在各个部门轮岗的时间都很短，但是希望你们绝不是走马观花，更不能抱着'我不会在这个部门工作，所以就是走过场'的心态！我希望你们去每一个部门都是该部门最能拼、最辛苦的一个团队。" ❶

一生的财富

管培生在京东的学习，更多在实践中进行。如果想成为优秀的管理者，没有捷径可走，只能一步一个脚印，在辛勤的汗水中持续耕耘。在京东培养的历届管培生中，刘强东对第二届的评价最高。这一届也是走出优秀管理者最多的一届，学员分布在京东各部门的核心管理岗位上。回溯这届管培生到京东后的成长足迹，人们会发现：他们是所有京东管培生中最能吃苦的一届。

"吃得苦中苦，方为人上人。"这句流传百年的民谚，即便放在日新月异的当今社会，依旧能够引起共鸣。第二届京东管培生无疑对此有深刻的认识。

2008年秋季，八位管培生刚从象牙塔中步出，就一头扎进了京东的大舞台。这时的京东正处于快速扩张期，一线业务量激增，急需人手。这些还带着几分"书卷气"的管培生，一入职就被派到了最苦、最累的库房充当"苦力"。说是苦力一点也不夸张，他们到库房后听到的第一句话就是："快去干活！"

---

❶ 李志刚. 创京东——刘强东亲述创业之路 [M]. 北京：中信出版社，2015.

虽然是以"管培生"的身份入职京东，但是无论是当时的管理者，还是他们自己都没有这个概念。与第一届管培生完全"放养"的状态相比，这一批管培生虽然有了一定的培训流程，但还处于粗放阶段，培训体系远不如之后的系统、精细。

到仓库后，忙得脚不沾地的库房经理因为有了生力军的加入非常高兴，把他们当作临时工一样，哪里需要就派到哪里，并没有因为他们的身份而给他们特殊待遇，反而要求更加严格。管培生对此也没有怨言，他们全身心投入紧张、繁忙的工作，累到麻木也没有想过要放弃。

第二届管培生经历了冬季3个月在一线的轮岗，而每年11月、12月年终促销的时候，都是一线员工最忙碌的时间之一。2008年的年终促销尤甚以往，这一年，由于京东库房面积不够，生产能力不足以应对海量的订单，京东官网上甚至发出了劝阻用户下单的公告。对于一家电商企业来说，劝消费者到别的平台消费，可见京东库房的压力到了何种地步。

在这样的背景下，第二届管培生刚来京东不久，就加入了这场攻坚克难的"战役"。他们每天天不亮就到仓库报到，开启一天的繁重工作，到晚上十一二点，甚至凌晨一两点，才拖着疲倦的身体回家。他们是出了名的"没人管"一届：没有带队老师，一切都要自力更生。

公司没有提供宿舍，他们刚刚步入社会，生活费不够充裕，北京好地段的房租太贵，所以只能租很偏僻的房子。但是这样一来，通勤时间就变得很长。有的管培生每天清晨5点钟起床，坐两个多小时的第一趟班车到库房上班，晚上下班时班车早已停运，只能搭库房的货车回家，到家时已是凌晨一两点，匆忙洗漱睡下三四个小时后，又要开启新一天的工作。

不论学历，不管性别，管培生是平等的：干一样的活，吃一样的苦。北京的冬天很冷，库房比室外还冷。站在零下十几度的库房里，即便穿得再厚，寒气也能找到缝隙侵袭身体。上货时，即便是女生，也要操作手动液压车，将货物拖到指定的货架，然后争分夺秒地上货。

下货、打包、打印快递单、出库、配送、客服、打印发票……所有的一线操作岗位，他们全都干过。当然，他们也是平常人，对于超负荷的工作也有不满，比如后来成为京东集团副总裁的余睿在库房轮岗时，每天下班就抱怨"这个鬼地方，打死我再也不会来了，什么玩意儿"，但紧接着，他又劝自己"再忍忍吧"。也正是这日复一日的"忍"字，让他从飘在天上的状态中摆脱出来，在京东平凡而伟大的舞台上深深地扎下了根。

在艰苦环境中的学习和锻炼，成为京东管培生们一生的宝贵财富，无论他们未来是否一直在京东工作，在这里学到的知识和培养的能力，都会使他们在接下来的人生中受益匪浅。

事实也证明了这一点。一些通过考核成功毕业的京东管培生离开京东后，成为其他知名企业的副总裁，或者自己创业，做出一番成就。对于他们的选择，京东一直秉持开放、包容的心态，并不因为他们的离开而为之前的巨大投入感到后悔。

京东希望每个管培生通过学习，获得除个人能力提升之外的精神财富。对此，刘强东曾经表示："我之所以花这么多时间精力在管培生身上，不只是希望给公司培养更多优秀的人才，更是希望大家能传承这个信仰和梦想，教育好你们的子女、未来的下属、部门或者公司，让社会逐步走向守法、合法，让每个人都变得正直、善良。"❶

---

❶ 刘强东. 我的创业史 [M]. 北京：东方出版社，2017.

第五章　金子和铁锈

一家为社会创造价值，致力于让世界变得更加美好的企业，最终能否成功姑且不论，但一定比其他只顾自身利益的企业要走得更远。在京东这样的企业中学习、成长，与公司一同发展、壮大，这是京东管培生的幸运，而拥有能够继承京东之魂，推动公司走向更大舞台的管培生们，也是京东之幸。

⊙ "引进来" 与 "走出去"

2011 年，曾经在行业内风生水起的北京中关村太平洋数码城，因经营不善倒闭，黯然退出历史舞台。与之相反，中国的电商市场却如日中天、捷报频传。尤其是京东这匹横空出世的黑马，从零起步，用 6 年时间突破 100 亿元销售额，并在 2011 年创造了销售额超过 100 亿元后保持超过 100% 增长的纪录。

当时放眼全球的零售行业，从零做起的企业中，只有亚马逊的增长速度能够超过京东。对于这一点，不甘做 "第二名" 的京东人，在 2011 年用业绩说话，创造了全世界零售行业的纪录。对比中关村太平洋数码城的陨落和京东所创造的奇迹，难怪有人戏称是京东 "杀死了" 太平洋数码城。

向国际化进军

2011 年，京东面临的挑战不可谓不大：一方面，这一年京东第一次一年招收了一万五千多名员工，人员管理面临很大压力；另一方面，诸如当当、国美、亚马逊等竞争对手，为了抢 "地盘"，不计成本地拼命做广告、打价格战。可想而知，京东人面对环伺的群狼和内部的管理压力时，要怎样拼搏，才能成为笑到最后的赢家。

在2012年京东集团的年会上，刘强东发表了"光荣与梦想，向千亿迈进"的主题演讲，对过去的2011年进行总结，并为新的一年设下目标：超过600亿元的销售额。2011年，京东的交易额约有300亿元，这意味着其要在这一庞大数字的底座上，实现100%的增长。

目标虽然定得高，但是京东人有信心完成，他们深知这是京东向千亿梦想迈进的关键一步，只有付出更多的努力，他们才能将京东打造成中国销售收入最多的零售企业。

京东的野心不止于此。销售额突破千亿元，只是其国内业务战略的第一步，未来，京东人将亲手缔造一个"世界的京东"。

有人曾问过刘强东一个问题：凭借努力，京东一定可以做到国内第一，而且能挣大钱，为什么要冒风险去做国际化？对此，刘强东的回答是："10年之内，我们不做国际业务，整个京东都会过得很好。但是如果没有努力去迈出国际化的一步，去做一个国际公司的话，10年之后我们一定会面临很大的挑战。"❶

"人无远虑，必有近忧。"优秀的企业家，无一不是具有长远目光的战略家。互联网时代，各种信息技术更新迭代，世界正以一种前所未有的速度向前发展，如果不努力奔跑，只能被社会淘汰。刘强东深知这个道理，于是经过布局，于2013年启动国际化战略，向更广阔的天地迈进。

企业的国际化，是国家文化全球化的重要组成部分。京东将国际化视为一家民族企业的使命，并希望通过这一途径，将中国制造业生

---

❶ 李志刚.创京东——刘强东亲述创业之路[M].北京：中信出版社，2015.

第 五 章　 金 子 和 铁 锈

产出的优质产品销往全球的每个国家、每座城市，助力"中国制造"树立国际品牌形象。

战略既定，人才先行。要想实现这个伟大的梦想，关键因素还在于人。但是对于2013年的京东而言，尽管通过几年的管培生项目，已经培养了丰富的本地储备人才，但是在国际化人才方面仍然存在短板，仅有的少量具有国际化视野的人才，远远不能满足京东的战略发展需求。

国际管培生计划

在国际化人才资源紧张的情况下，京东启动了IMT（international management talent）计划，吸引大量拥有跨文化和国际背景的人才加入。IMT计划，即国际管培生计划，实施该计划意味着京东不但从国内大学中积极引进优秀人才，还将国外大学中的优秀人才纳入京东的人才培养体系之中。

2013年10月，当时还在担任京东首席人力资源官的隆雨与京东的六位高管一起，到美国斯坦福大学、哈佛大学、加利福尼亚大学洛杉矶分校等知名大学中去进行校园宣讲，为京东选拔优秀管培生。

与之前在国内选拔管培生一样，京东仍将价值观作为选拔国际管培生的重要标准。隆雨等人希望为京东引进的人才，是具有"京东范儿"的人才，他们应该与京东人一样具有相同的价值观和相似的气质，并具备敏锐的洞察力和强大的分析判断力，能够适应京东的快节奏发展，不断发现新机遇。此外，京东希望引进具有渴望成功野心的国际管培生，这样他们才能在充满未知挑战的环境中，始终保持昂扬的斗志，不断提升自我能力，带领京东登上顶峰。

为了给高速扩张的公司引进更多优秀人才，京东综合考虑了欧美市场中国际知名商学院MBA毕业生的平均起薪和福利待遇，为国际管培生岗位设定了现金＋股票的丰厚薪酬。在宣讲时，隆雨将印有小狗JOY脚踩筋斗云的宣传册分发给美国各大知名商学院的留学生，希望他们像西天取经的唐僧团队一样，把国外的经验"取"回国。

经过为期12天的选拔，隆雨等人成功为京东引进了6名国际管培生。作为京东引进的第一批国际管培生，他们都拥有出色的学历——分别毕业于麻省理工学院斯隆商学院、伦敦商学院、宾夕法尼亚大学沃顿商学院、欧洲工商管理学院、加州大学伯克利分校哈斯商学院等国际知名大学。❶

与此前选拔的管培生相比，京东更加看重国际管培生的实践经验，选出的六名国际管培生无一不是MBA应届生。他们在就读MBA商学院之前，已经在各自的领域工作了三五年，且具有中高层管理者的优秀潜质，与京东的国际化战略更加匹配。如果选择应届毕业留学生，则需要花费大量的精力去培养他们的业务和管理能力。虽然"一张白纸"式的人才可塑性更强，但是出于对"走向世界"的迫切需要，京东没有时间从零开始培养国际化人才。

国际管培生加入京东后，首先会接受为期近10个月的培训。培训分集中培训、集中轮岗、自由轮岗三个阶段进行。集中培训用时一周，期间管培生会在不同部门高管的带领下，迅速熟悉京东多个业务部门的工作。在集中轮岗阶段，国际管培生所轮换的岗位基本上属于集团的核心体系，他们要通过三个月的学习成长，在一定程度上掌握不同

---

❶ 鲁克德.京东人力资源管理纲要[M].北京：华文出版社，2019.

第 五 章　金 子 和 铁 锈

部门的业务能力，为下一阶段的自由轮岗夯实根基。自由轮岗时，国际管培生因为已经对各个部门的核心业务有了一定认识，所以能够在自己擅长的领域发光发热，由学习者逐渐成长为管理者。

人才为战略赋能

国际管培生的加入，让京东的未来拥有了更加广阔的发展空间。在加入京东之前，他们就是不同领域的精英人士，在美国商学院留学期间，不但进一步提升了个人能力、培养了国际视野，而且拥有了更加丰富的人脉资源。入职京东后，他们的能力和人脉与京东的业务结合，很快就发生了奇妙的反应。

2014年，京东和格莱珉银行正式签订了战略合作协议，按照协议，双方将共同推出中国农村的小额贷款业务。与格莱珉银行的强强联手，能够推动京东在渠道下沉和互联网金融方面更进一步。这次对京东未来发展意义重大的战略合作，在某种意义上可以被视为一次"截和"。因为一开始，有"小额信贷之父"之称的格莱珉银行创始人——穆罕默德·尤努斯，更倾向于和马云合作。促使尤努斯与京东达成协议的关键人物之一，是当时入职京东还不到4个月的第一届国际管培生邱煌。

邱煌在美国麻省理工学院斯隆商学院就读MBA时，拥有与尤努斯教授一同工作两个月的经历，在此期间参与了格莱珉基金进入中国市场计划的制订。当他得知尤努斯将要来中国与马云见面的消息时，想到京东计划在2015年进军农村电商市场，与格莱珉方面的战略恰巧匹配，双方应该有很高的概率能够达成合作。

邱煌立刻写了一份报告，在报告中详细地论述了与格莱珉银行达成合作的可能性、合作方式，以及合作成功对双方的好处等。刘强东收到这份报告后，给予邱煌极大的支持，让他全力推进此事。凭借此前共事时建立的联系，邱煌很快获得了与尤努斯见面的机会，并向他介绍了京东的理念与未来对农村市场的战略意图。经过深思熟虑，格莱珉银行最终选择了京东作为其在中国的合作伙伴。

除了牵头与格莱珉银行的合作，国际管培生还在更多领域大放光芒。例如第一届国际管培生中有4名于2015年1月提前定岗，组建了新业务部——京东全球购，为京东开拓跨境电商的新领域。

这个部门萌芽于刘强东对国际管培生的一次发问：如何看待京东开拓海外市场。收到这一命题后，李迪恒、许庆飞等4名国际管培生迅速行动，在短短一周内，就提交出一份完善的商业计划，得到了刘强东的认可。项目立项后，4名国际管培生带领80人的团队积极探索、不断尝试，仅用时102天就使"京东全球购"正式上线运行。不久后，又上线了法国馆、美国馆、日本馆、韩国馆等业务。

第一届国际管培生的成功让京东加大了在此方面的资源投入。2014年10月，隆雨等高管不但去了美国的知名院校招人，而且还到英国伦敦商学院等知名大学进行宣讲。与第一届国际管培生的宣讲现场相比，参会人数得到了极大增长：第一届参会人数在一百人左右，第二届时增长为五六百人。京东对国际管培生的选拔极为严格，录取率仅约1%，可谓名副其实的"百里挑一"。

在培养国际化人才方面，京东不仅到国外高校去引进优秀国际管培生，还积极地为国内管培生提供到知名院校深造的机会。例如，2014年，京东与中欧国际工商学院签署了战略合作协议。该协议为期十年，包含每年派遣优秀管培生去中欧国际工商学院学习EMBA课程

第 五 章 金 子 和 铁 锈

等约定。这些获得深造机会的管培生，本就是京东人才队伍中的佼佼者，在高校就读 EMBA 课程后，进一步丰富了自身的管理经验，提升了管理能力。

京东之所以早早在国际化人才培养上布局，与刘强东的战略眼光有很大关系。他认为如果京东不迈出走向世界的步伐，当亚马逊占领了除中国外的世界市场时，一定会集中火力向京东"开炮"，攻下其进军中国市场的最大竞争者。所以他不但自己在 2013 年时到美国哥伦比亚大学学习，还邀请在京东工作了两三年的管培生到他在纽约的家中做客，在他们陷入瓶颈期时帮助他们开拓视野，进一步成长。

通过引进国际管培生与培养国内管培生的国际化视野，京东打造出一支具备战略眼光、行动敏锐的管理团队，这使其为全球化发展储备了高质量的国际化人才资源。随着中国对外开放的程度不断加深，本土的企业很可能会越来越多地面临国外企业的竞争。京东作为成长于中国的民族企业，只有以更加开放、包容的姿态跻身国际化的队列之中，才能不被眼前的"机会"束缚，进而走向更加广阔的舞台。

第三节
先人后企

提及京东，人们自然而然就会联想到京东的团队战斗力。京东人具备"特别能吃苦，特别能战斗"的特质，正因为如此，京东才能取得如今的辉煌成就。

世界上没有天生强大的团队，京东自创立起就始终秉持"先人后企、以人为本"的理念，不断向团队建设倾注资源。在培养人才时，京东不仅注重培养他们的业务能力，而且注重提升他们的综合素养，并大胆放权，为优秀人才提供大量的实战机会。通过多年来对人才的不断雕琢、打磨，京东拥有了最大的财富与发展源动力——人。

⊙ 在京东，上班也能上学

员工加入企业后，会有一个渐渐适应的过程，只有将他们放在岗位上经过一段时间的锻炼后，才能判断他们是否符合招聘时的预期。但一般而言，职场新人具备的初始能力与企业要求的理想能力之间，往往存在一定的差距，这就使人才培养环节变得非常必要。

一直以来，京东都非常重视对人才的培养，甚至不计成本投入，向这方面倾斜了大量资源。经过二十多年发展，京东已经建立了完善的人才培养体系，能够为员工提供知识输入、技能输入、实践积累、岗位配置等有力支持。除了最让刘强东引以为傲的管培生项目，京东对其他员工的培养也颇为重视。

对于刚加入公司的新人，京东不但为他们配备老师，帮助他们迅速适应工作环境、融入集体，而且将教学与实际工作紧密结合，促使他们在实战中锻炼出与企业发展相适应的业务能力。对于那些已经适应岗位需求，但能力提升陷入"瓶颈期"的员工，公司则不遗余力地为他们提供学习通道，帮助他们打破晋升的天花板。

前文已经讲述，京东会将优秀管培生送往中欧国际工商学院进行深造。实际上，这一项目并非只针对管培生，还包括京东的优秀高管。

京东斥百万巨资，与中欧国际工商学院共同开设"京东班"的精品课程，让公司的核心管理者通过这一渠道快速"充电"，不但提高自身的业务水平，而且全面提升综合素养。

出于为公司未来的战略发展储备充足中高端人才的目的，京东对"京东班"非常重视，历时一年，在和国内外知名专家反复沟通、交流后，才制定出体系完备的课程名单。

自2015年4月5日正式开课以来，京东包括刘强东、隆雨、陈生强等人在内的高管都曾到"京东班"就读，每年一期的课程让他们受益良多。在学习过程中，公司的中高层管理者形成了与京东价值观相契合的管理语言，这对京东之后的战略制定和执行具有极大的推动作用。

京东通过"京东班""量身定制"核心管理人才，是从顶层设计上为京东的战略扩张积蓄力量。此外，京东对数量更多、进步空间更大的基层员工同样非常重视，甚至像为培养中高层管理者而打造京东班一样，为基层员工提供在职上学的机会。

与传统的商业模式相比，电商无疑是一个亮眼的新事物，其借助互联网迅速崛起，仅用短短几十年的时间就重构了零售行业的秩序。现如今，电商行业已经走过了初期的探索阶段，渐渐步入快速扩张和密集创新的新时期。在这样的背景下，人才越来越成为行业稀缺的资源。

京东通过自建物流拥有了强大的配送体系，吸纳了数十万员工。在对这些员工进行培训的过程中，京东发现管理层在接受短期培训班的培训后，能力有明显提升，而基层员工则收获不大。通过深入分析造成两者差异的原因，京东得出了一个结论：基层员工学历相对较低，在吸收知识上存在一定门槛。

怎样解决这个问题？京东不可能提高招聘门槛，因为一线多劳动密集型岗位，如果给这些岗位招聘学历更高的人才，人力成本过高。即便真的招收到高学历人才，也不一定适应岗位需求。最好的办法就是让这些一线员工自我成长。

2013 年，京东启动"我在京东上大学"项目，为基层员工铺就了成长和晋升的阶梯。这一项目由京东与中国人民大学、北京航空航天大学、北京继续教育学院等大学合作完成。京东的员工不但能够以更低的学费进入合作高校上学，而且可以获得高校为他们定制的与岗位需求相匹配的课程。

项目一经启动，就有数百名员工踊跃报名。他们入学后，能够在正常工作之外利用空闲时间，通过网络远程学习互联网营销、电子商务等相关课程，两年半后通过考核即可获得大专或本科学历。一些员工因为工作和家庭原因存在抽不出时间学习的顾虑，但当他们了解到，学习期间的相关工作和培训经历也可以修学分时，很快打消了顾虑。

除了读大专和大学之外，京东还为那些想读研究生的员工打开了大门。在推出"我在京东上大学"项目后不到一年，京东又与北京航空航天大学合作，于 2014 年 9 月 18 日推出了"我在京东读硕士"项目，让员工在京东工作的同时，有渠道进一步提升自己的学历。这一项目受到那些有攻读研究生想法但因忙于工作而未能行动的员工的好评。他们报名后，只要能够在每年 10 月举行的硕士学位研究生入学资格考试中取得不错的成绩，就能够进入京东与合作大学设立的"京东班"

第 五 章 　 金 子 和 铁 锈

攻读硕士学位。两年半的学习期满后，修满学分、完成学业的员工即可取得在职研究生学位。❶

在培养人才方面，京东送员工读大学的举措即便放眼世界都引人瞩目。在西半球的美国，连锁咖啡公司星巴克在比京东稍晚一些的时间，与亚利桑那州立大学合作推出 ASU❷ 计划。根据该计划，星巴克员工可以通过网络在线读大学，而星巴克会在员工读大学的最后两年，为他们每周支付 20 小时的在线课程费用。一年后的 2015 年，星巴克提高了助学力度，将为员工支付学费的时限延长至四年。

2018 年左右，一些如沃尔玛、迪士尼、麦当劳这样的大公司，纷纷开展"教育援助福利计划"，让员工能够免费或支付部分学费获得读大学的机会。

2021 年 9 月，京东的友商亚马逊宣布将于 2022 年 1 月起，为在亚马逊工作满 90 天的符合条件的员工支付大学学费、杂费和书本费，以帮助他们获取学士学位，除此以外，在员工获得高中文凭、普通同等学历证书（GED）等方面同样提供支持。

从这些事例可以看出，大企业在吸引人才方面的竞争日益激烈，而京东较早进行了员工在职读书方面的布局，不但能够先人一步培养出强大的团队，而且有效提升了员工的忠诚度和凝聚力。

不仅如此，京东通过与各大高校建立合作关系，在这些"人才摇篮"中进一步打响了知名度，有利于为后续战略发展吸纳更多的优秀人才，取得了一举多得的效果。

---

❶ 鲁克德.京东人力资源管理纲要 [M]. 北京：华文出版社，2019.

❷ ASU：亚利桑那州立大学的简称，全称为 Arizona State University。

⊙ Backup：继任者

对于任何一家企业来说，要想持续经营，必然要重视培养接班人。只有这样，当领导者突然离开时，公司的经营才不至于陷入混乱。著名的迪士尼公司在创始人华特·迪士尼和罗伊·迪士尼相继去世后出现管理危机，一段时间的动荡后，迪士尼家族在公司内部的管理权逐渐瓦解。高层的变动对迪士尼公司的经营产生了影响，其动画事业一度消沉，经过一番波折才再度复苏。

反之，美的集团的创始人何享健则拥有长远眼光，在培养儿女当接班人不成功后，果断地培养职业经理人方洪波，并在卸任后将公司交给他管理。接棒后，方洪波对美的集团进行了大刀阔斧的改革，使公司"轻装上阵"，取得了亮眼的成绩。

除了公司的最高掌权者，其他的管理者同样需要培养继任者，京东很早就意识到这个问题。在2013年6月召开的圆桌会议上，京东历时两个月对700名管理者进行了系统分析，最终从中挑选出31名高潜人才总监和168名高潜人才经理，建成人才资源池。这一资源池存在的意义，就是为公司的管理层储备继任者。

在《京东人事管理的八项规定》中，有一项规定是专门为培养继任者而设，即Backup原则。根据这一原则，京东的每个总监和副总监以上的管理者，在一个岗位上工作两年，就必须指定一个继任者，否则就会被公司就地免职。为了避免有人蒙混过关，随便找个人作为继任者，京东制定了严格的继任者评价制度。管理者选出的继任者，只有经过刘强东和人力资源部相关负责人的认可后，才算合格。

在一些人看来，找不到继任者没有降薪或降职的缓冲，就立刻被公司辞退，这个条件太过苛刻。但是刘强东却认为，或许一个管理者的个人能力很强，业绩表现也很突出，短时间内或许能够推动公司的发展，但是从长期来看，没有继任者的管理者越优秀，所在的岗位越重要，京东面临的失控风险就会越高。因为一旦这个管理者离开京东，而他原来的岗位没有能力相当的继任者，就会影响整个部门的正常运转。

在Backup原则落实下去之前，京东不乏部门因管理者离职而导致业绩半年甚至一年难以提振的例子。这种部门要想再次恢复之前的业绩，需要公司调配新的优秀管理者，然后再经过半年左右的整顿、磨合，可以说付出的成本非常之高。

相反，如果部门管理者在升迁或离职前，就已经培养出优秀的继任者，那么这个部门或许会因为要与新管理者磨合而产生业绩波动，但这种波动非常轻微且短暂，不会对部门的正常运转产生太大的影响。

对于一个组织而言，拥有继任者"备份"意味着整体组织的安全性更高、稳定性更强，能够在充满不确定性的市场中掌握更多的确定，进而提升公司的核心竞争力。这也是京东把Backup作为强制性原则推行的原因所在。

京东每季度都会举办一次站长培训班，对配送站站长进行为期3个月的集训。在站长正式任职前，京东就会为他们配备助理。在半年时间里，担任站长助理的员工会跟随在站长身边，向其学习管理经验。由于要升职就必须培养出能够接替自己职位的优秀人才，所以站长不会因"教会徒弟，饿死师父"的顾虑而选择"留一手"。相反，优秀的站长会把助理当作继任者培养，将自己的经验毫无保留地传授给对方。

对于继任者，京东会从上级和人事的评价、岗位任职年限、领导力素质模型等方面对其能力进行考核。京东对继任者的能力要求很高，成为继任者必须具备确立方向、信息决策、资源配置、激励团队等能力。

作为管理者"预备役"，继任者首先要培养的，是为团队确立发展方向的能力。2017年，京东正式确立无界零售战略，由"一体化"向"一体化的开放"转变。在此背景下，京东对管理者能力的要求再上一个新台阶。在积木式组织中，如果管理者不具备为团队制定战略方向的能力，或者在这方面的能力不足，团队成员很可能因为没有清晰方向而陷入迷茫、混乱，这样的团队不具有凝聚力和战斗力，甚至会产生"多米诺骨牌效应"，最终使企业走向难以挽回的结局。

其次，在数字化时代，"黑天鹅"出现的概率大大提高，继任者必须能够在海量的信息中快速而精准地筛选出重要的部分，并且利用这些信息作出正确的决策。在充满不确定性的混沌中，只有那些眼光敏锐、胆识过人的管理者，才能够抓住稍纵即逝的机遇，带领团队共同完成一个个战略目标。

再次，企业能够掌握的资源有限，管理者需要对这些有限的资源进行合理分配，使其发挥最大价值，推动企业不断向前发展。一直以来，京东都很注重控制成本，而继任者的资源配置能力越强，越能够以更低的成本创造更高的利润。

最后，合格的继任者要能够激发员工的工作活力，帮助员工快速成长。京东经过二十余年发展，已经形成了庞大的组织架构，拥有

第五章　金子和铁锈

了40万员工。这些员工的家庭背景、工作目标、个人能力、工作热情等各不相同，而优秀的管理者能够通过卓越的领导力、完善的激励制度等点燃员工的工作激情，让他们充分释放价值，与公司共同成长。

⊙ 七上八下：用人的智慧

2018年，在快车道上飞速向前奔驰的京东迎来了至暗时刻，前期被辉煌业绩掩盖的弊端渐渐露出狰狞的面貌，股价下跌、市场竞争力下降、管理失衡、士气不振等问题接连涌现。

为扭转局势，刘强东于2019年2月17日紧急召开管理人员大会。会上，他宣布了多项人事任免决定，其中包括裁撤10%的VP，将启动干部年轻化计划，在未来3～5年培养和提拔大量85后、90后员工，使京东三成VP以上级别的高管由这些年轻人担任。

一年多后，京东集团CHO（首席人力资源官）余睿在接受《中国企业家》杂志专访时表示：京东内部培养的管理者已达90%，超过四分之一的管理者都是90后。2020年京东内部晋升的管理者中，85后占比达88%，90后占比达57.5%。其中，95后占比达11.7%，而这一数据在2019年时还是0。❶ 从以上数据可以看出，京东对年轻管理者的任用非常大胆。

很多传统企业不具备这种魄力和战略眼光，但是对于互联网企业

---

❶ 李原. 组织变革背后，京东重寻价值观 [EB/OL].（2020-08-19）. https://baijiahao. baidu.com/s?id=1675433282805153960&wfr=spider&for=pc.

而言，管理层年轻化已经成为一种趋势，如拼多多创始人黄峥出生于1980年，聚美优品CEO陈欧出生于1983年，饿了么创始人张旭豪出生于1985年，兑吧集团创始人陈晓亮出生于1991年……互联网真正流行的时间并不算长，用户也大多为年轻群体，因此年轻的管理者更能洞察客户需求、紧跟潮流，作出利于公司发展的正确战略。

"七成熟"就能用

京东很早就意识到新鲜血液对企业发展的巨大推力。与大多数公司相比，京东为新人提供的发展机会更多，尤其是能力提升速度很快的人才，在京东总能找到施展才华的空间。

在《京东人事和组织效率铁律十四条》中，有一个"七上八下"原则。其中"七上"具体指京东会大胆提拔、任用那些价值观良好，能力有70%达到目标管理岗位任职要求的内部员工，尤其是年轻员工。❶

这一硬性指标为京东人创造了更大的舞台，使他们能够利用公司提供的资源尽可能提升自己的能力，而公司也能够通过这种方式锻造核心管理团队，从而取得双赢成效。

"七成熟"的员工或许在管理能力上还有所欠缺，但京东给予他们试错的机会，让他们在实战中摸爬滚打、快速成熟。

2009年，吕路毅刚刚加入京东，是宿迁呼叫中心的一名实习生。呼叫中心有操作序列、专业人才、管理序列三条晋升通道，她选择从管理序列向上发展。管理通道中，级别最低的是主管，然后向上依次

---

❶ 17万员工的京东如何培养管理者[J]. 首席人才官商业与管理评论，2018（01）：90-97.

是副经理、经理、高级经理、总监等。

凭借不怕吃苦、勤学好问的精神，吕路毅很快适应了工作环境，业务能力不断提升。经过一段时间的实践，她被提拔为小组主管，管理12名组员。此后，她因为表现出色再次升职，成为一名部门经理。由于缺乏管理经验，她一开始也犯了不少错误。

吕路毅成为经理后，一心想带领部门做出成绩，对主管要求非常严格。这导致主管在管理小组时，又将来自上级的压力施加在员工身上，没有照顾到员工的情绪。再加上，吕路毅让刚接受完培训的员工立刻上岗接线，这些员工还没适应工作节奏，犯错后又会被主管批评，自然产生了负面情绪。在多方因素综合作用下，短短一个月，她所在的部门约有半数员工心态产生波动，很多人选择离职。

对于她的管理失误，吕路毅的上级管理者采取了一种宽容但智慧的方式，帮助她吸取教训、快速成长。上级特地安排高级经理与吕路毅一同开会，帮助她分析如何管理部门，将管理经验无私地传授给她。经过学习，吕路毅意识到，管理不应该是冰冷的，员工不是机器，管理方式应该"以人为本"，要让员工感受到公司对她们的认可、尊重和关怀，这样团队才具有凝聚力，才能发挥更强大的战斗力。

如今，吕路毅早已不再是当初稍显稚嫩的管理者，谈起"管理经"时满是自信：90后员工的工作动力更加多元，有的人需要为他提供更大的舞台，有的人喜欢具有挑战性的工作，有的人期待被理解和认可……作为管理者，她需要为部门员工创造一个公平公正的工作环境，然后和员工一起做好目标规划与工作总结，尽可能让她们发挥自己的长处，从工作中获得满足感，进而使整个团队的业绩、成长性、综合能力等指标向"最优"不断迈进。

把更多的蛋糕留在内部

在京东，与吕路毅拥有相似成长经历的管理者还有很多，在成千上万的管理者中，超过80%都由内部晋升而来。如果从垂直视角来看，京东为基数最大的基层员工打破了上升的天花板，而基层员工往上，位于中高层的管理者同样拥有巨大的升职空间。

这种给内部员工分配更大比例蛋糕的人才任用机制，由京东"八下"原则赋予。根据这一原则，京东对于成熟业务和体系的经理级及以上管理岗位空缺，只允许不超过20%由来自人才市场的人才补充，其余80%都必须从京东内部选拔。❶

企业管理人员的来源主要有两种，一种是内部晋升，另一种是外部聘用。在家族企业中，封闭的人力资源配置使内部晋升成为中高层管理者选拔的主要渠道。而在股份制企业中，由外聘人员担任中高层管理者的现象已非常普遍。内部晋升和外部聘用并非对立的两面，为了更好地管理企业，这两种方式通常并用，而且在企业发展的不同阶段发生相应的变化。

以互联网企业为例。与其他行业相比，互联网行业是新事物，在刚刚兴起的阶段，相关企业在经营、管理等方面能够借鉴的经验不足，业务能力强的人才数量有限。经过一段时间的野蛮生长后，互联网巨头接连涌现，这些公司的管理者也成为同行争相"开挖"的"金子"。

但是与企业内部培养的管理者相比，这些"空降"的管理者往往具有自己的价值观和管理理念，到新单位后，原有的价值观往往较难

---

❶ 17万员工的京东如何培养管理者[J]. 首席人才官商业与管理评论，2018（01）：90-97.

打碎、重组、融合，且对企业的忠诚度不高，如果其他企业给出更具吸引力的待遇，他们很可能再次跳槽。

在急速扩张期，大量引进职业经理人非常有必要。因为他们有丰富的经验，能够填补企业高速发展时出现的人才缺口。但企业想持续壮大，更多的还是要依靠来自内部的力量。好的战略需要好的团队去执行、实现，而好的团队一定不是靠七拼八凑而来，这也是京东为什么花费巨大的精力培养团队的原因。"八下"原则让京东将更多的机会留在内部，激发了员工的工作热情，使整个团队保持旺盛的活力。

从京东的角度来看，从内部提拔中高层管理者对企业的长期发展非常有利。根据人力资本理论，雇主和雇员共同努力，为企业积累了特殊的人力资本，而员工在企业工作的时间越长，沉淀的特殊人力资本就越多。内部员工在工作中形成了与企业契合的价值观，并且受到了相关培训，培养出企业需要的能力。这样一来，企业要从外部招聘一个能够替换内部员工的人才，就会付出更高的成本。❶

既然从内部选拔管理者具有诸多优点，京东为什么还要留出20%的机会给外部人员呢？这是因为，如果全部管理岗位都由内部员工晋升得到，那么这家企业的组织会封闭而缺乏活力，难以在残酷的市场竞争中生存。

京东将更大的蛋糕分给与企业利益相关的内部员工，同时给各方面表现突出的"新鲜血液"留出机会，这样既能保证京东的企业文化和价值观不动摇，又能使组织在开放多元中持续进化。外聘管理者与

---

❶ 姜树林. 经济发展中的企业内部晋升与外部聘用——来自中国的理论、案例及含义[D]. 上海：复旦大学，2003.

内部管理者相互影响，为京东注入正向的发展活力，推动公司不断向前发展。

⊙ 两下两轮：培养复合型管理人才

当今社会是信息爆炸的社会，风险与机遇并存，企业较之过去对人才有了更高的要求。以往，只有一方面能力突出而其他方面平平无奇的人才也能够得到很好的发展机会，但如今"一招鲜，吃遍天"的情况已经越来越少见。

全球化使世界的联系变得格外紧密，所以管理者必须拥有多种知识和技能，成为一专多能或多专多能的复合型人才，这样才能适应世界范围内知识与技能综合化发展的趋势，让企业长久地保持增长活力。

传统教育系统中培养的人才，往往是"术业有专攻"的专门型人才，这种人才初入职场时，能够很快适应岗位要求，成为合格的职场人，但是当其升职为更高一层的管理者时，对其能力的需求往往不是提升一级，而是成倍增长。在这种背景下，企业对管理者综合能力的培养就显得至关重要。

如何有效提升管理者的综合素养？通用电气（GE）、无印良品、阿里巴巴、联想等国内外著名企业通过实践给出了答案：轮岗。顾名思义，轮岗就是一个员工在不同岗位上轮换工作。轮换的岗位可能属于同一部门，也可能跨部门，在集团公司甚至可能属于不同公司。

在发展中，京东制定了特色鲜明的轮岗制度。除了上文介绍的管培生轮岗，京东对中高层管理者也有硬性的轮岗要求。刘强东在京东

第五章　金子和铁锈

2016年集团战略会上表示，京东每个部门副总监及以上级别的管理者，每年至少要去三个以上的部门轮岗。^❶

2016年4月28日，《京东集团核心管理人才轮岗实习管理办法》出台，近400名管理者开始轮岗实习。在轮岗过程中，这些管理者纵向了解了业务流程，横向与其他部门加强了交流、增强了协作意识。此外，他们还通过轮岗拓宽了管理视野，进一步提升了复合业务能力。可以说，这次轮岗在人才培养上取得了巨大的成功。

一年多后，为缩短培养复合型管理人才的时间，源源不断地输出高端人才，京东将"两下两轮"原则写进了正式颁布的《京东人事与组织效率铁律十四条》。

到一线去

按照"两下"原则的规定，京东所有的管理者每年下一线支援的次数不能少于两次。

从创立那天开始，京东就将"以客户为先"刻进了京东的血脉与基因。要做到客户为先，就要始终保持对用户体验和业务流程的敏锐，这也是京东要求所有管理者下一线的原因所在。只有贴近客户，才能明白客户的需求，不至于闹出"何不食肉糜"的笑话。

作为京东的创始人，刘强东以身作则，每年不管多忙都要抽出一天时间深入一线，亲自到配送站送货。他还经常与一线员工交流，倾听他们在业务上遇到的困难和他们了解的客户需求。在他的影响下，其他高管也主动深入一线，在实践中打磨自己的管理理念，作出能够

---

❶ 鲁克德. 京东人力资源管理纲要[M]. 北京：华文出版社，2019.

落地的战略规划。

2013年，由于武汉海航园区两期共12万平方米的库房不能按期交付，整个华中区只能使用原有的4万多平方米的库房。订单像雪花般落下，仓库很快爆满。年底促销时，爆仓问题已经刻不容缓，连续一个星期的生产积压大大打击了一线员工的工作积极性。

看到这种情况，华中区仓储总监乐旋急得要命，他一边向华中区求援，一边组织管理人员与一线员工一起并肩作战，终于迈过了这个坎。经此一事，管理者更能理解一线员工的不易，整个团队的向心力也得到进一步提升。

京东的发展速度很快，但是这种快速增长不可能无限持续，一旦慢下来，前期高速增长时的弊端就会暴露出来，甚至可能给企业致命一击。过快的增长使京东的核心大脑与神经末梢的联系变得松散，基层员工越多，管理难度越大，战略在一级级传递中会发生损耗，而损耗越多，对企业的发展越不利。

要想减轻损耗，管理者必须加强与基层员工的联系，了解一线的业务需求，根据实际情况制定管理制度，而不是纸上谈兵，设立难以落地的工作目标。

知名白酒企业贵州茅台集团在管理上有个鲜明的特色，即"走动式管理"。管理者不是天天待在办公室里，而是渗透进每一个车间班组，熟知每一个生产环节。首席酿造师甚至和特级酿造师组成巡察组，每天走上万步巡查厂区情况，及时解决生产上的问题。

虽然茅台和京东一个是传统白酒生产企业，一个是新兴互联网电商公司，但两者都明白基层员工的重要性，而好的管理就是能够管控每一根神经末梢。

第五章　金子和铁锈

京东让管理者冲上前线，亲身体验最基础的业务——打包、配送、接线、客服等，是对他们综合能力的一种锻炼。在京东当管理者，既要具有从整体出发对战略进行思考的能力，也要具备在一线冲锋的激情。只有能上能下，才能在充满挑战的市场环境中做到随机应变，永不出局。

轮岗讲方式

下一线能够让管理者更加清楚基层的需求，而轮岗会让他们对负责的业务有更加清晰、深入的认识，经过在不同岗位上的锻炼，快速成长为京东急需的复合型人才。

"两轮"原则除了针对所有管理者，还将范围扩大至技术岗或技术总监及以上人员，以及产品经理岗（技术研发类）人员，要求他们每年去其他部门轮岗的次数不得少于两次，其中至少去一次对口业务或协同部门。❶

大规模的轮岗会给组织带来很大的成本负担，也会增加正常运营和管理的压力。一些企业虽然也实施了轮岗，但因为没有将之制度化，也没能及时消除员工的顾虑，从精神层面推动其落地，最终使轮岗流于形式，不仅没能达到预期效果，还浪费了资源，阻碍了企业的发展。

京东开始实施轮岗制度时，也遇到了很大的阻力。在组织层面，一方面，由于轮岗覆盖的管理层人数过多且来自不同部门，公司需要投入大量人力、物力对资源进行重新整合、分配，这在没有对标物的情况下很难实现。另一方面，不同管理者涉足的业务领域不同，对轮

---

❶ 鲁克德. 京东人力资源管理纲要 [M]. 北京：华文出版社，2019.

岗的期待也有较大差异，而在这种大规模的群体性活动中，个体的需求很容易被忽视。

在员工层面，认知差异使部分管理者对轮岗产生了抵触情绪。一些管理者更喜欢在熟悉的、能够掌控的环境中工作，到新的岗位上，意味着他们要到陌生的环境中去适应新团队的作战方式。还有一些管理者，则因轮岗时间难协调和轮岗供需信息不匹配而顾虑重重。

为减轻轮岗制度的推行阻碍，京东在"先人后企"的理念下，通过面谈与电子问卷调查的方式，对轮岗制度进行完善，最终采用互联网思维，将"轮岗制度"打造成产品推广，取得了成功。

为照顾管理者的个性化需求，京东采取了多样化的轮岗实习形式，如在目标岗位上全天候学习的跟岗学习形式，参与和目标岗位相关的各种晨会、项目会等工作会议，以及在目标岗位负责人的安排下根据阶段性实习目标完成工作任务。这三种轮岗实习形式中，参加相关工作会议是必选项，其他形式可以自由选择。

为使轮岗不流于形式，京东制定了清晰的轮岗管理要求，并对管理者关心的轮岗范围、时间、部门、岗位职责等问题进行解答。对于管理者在轮岗期间因"双重身份"导致的业务冲突，京东会有意识地引导管理者培养继任者，让"接班人"在自己轮岗期间承担一定的管理工作。同时，锻炼管理者的时间把控能力，提升他们在日常事务性工作中的工作效率。

为使轮岗能够创造预期的价值，京东为管理者制定了清晰的轮岗目标和计划。针对那些对轮岗存在抵触情绪或态度消极的管理者，京东在了解他们的痛点后作出应对措施，通过管理者和岗位信息透明化、轮岗价值点吸引、筛选明星管理者树立标杆等方式，激发管理者对轮岗的热情。

从长远发展看，轮岗提供能力提升与价值展示的机会，为京东培养了大量储备管理干部和高级管理者。在轮岗过程中，公司更容易发现那些表现优异的管理者，给他们提供更多的发展空间，也能够筛出在岗位上浑水摸鱼、无所事事的管理者，将他们剔除出团队。

管理者掌握着京东的发展方向，所以他们一方面要始终保持统一的价值观，另一方面要通过学习不断提升多领域、复合型能力。京东通过"两下两轮"的方式，储备了大量前瞻性战略人才，帮助管理者制定了清晰的职业发展规划，在多元包容的人才生态中，夯实了人才的核心竞争力。

⊙ 让听得见炮声的人掌握指挥权

"春江水暖鸭先知"，与市场距离最近的人，是最能直观感受到市场变化的人，将决策权赋予这些人，有助于在瞬息万变的市场环境中掌握先机、赢得胜利。

华为创始人任正非有一个经典的管理理念——让听得见炮声的人来呼唤炮火。在战争中，只有亲临前线阵地的官兵才能听得见炮声，让他们来呼唤炮火，就是赋予他们一定的指挥权。

《孙子兵法·九变篇》有言："将在外，君命有所不受。"这句话与"让听得见炮声的人来呼唤炮火"有异曲同工之妙。信息的传递需要时间，无论是居于庙堂的君主，还是远在千里之外的上级指挥官，接收信息、作出决策、传递命令都需要时间，而战场上的时机稍纵即逝，短短的几分钟甚至能左右一场战争的胜负。

商场如战场，复杂性越高的组织，信息传递的效率越低。如果一线的管理者面对大事小情都需要层层上报、审批，那这个组织的效率一定会很低，难以适应市场需求，最终很可能被市场淘汰。反之，如果大胆授权给一线管理者，让他们掌握指挥权，则能使组织更加灵活，战斗性更强。

作为互联网企业，京东对决策的时效性有更高的要求。与过去相比，互联网时代的信息传递成本更低、速度更快，如果不能在激烈的竞争中掌握先机，那么下一个倒下的很可能就是京东自己。

在京东成立后的前十年，刘强东作为创始人掌握的话语权极高，几乎所有的战略都要经过他拍板才能得到推行。他对京东的管理事无巨细，甚至连商品详情页的设计、商品上架、发货等问题都会亲自决策。这种"家长式"的管理方式虽然让京东在发展初期保持了高度的凝聚力，为快速扩张奠定了基础，但也埋下了一些隐患。

突出的表现是，基层管理者工作缺少主动性和创新性，中层管理者遇到问题就请示汇报，高层管理者对刘强东依赖性过强，不能独当一面。随着公司的壮大，决策链条越来越长，严重拉低了执行效率。刘强东意识到，他已经成为团队的天花板，要想扭转局面，就要学会放权。

一个人长期养成的习惯短时间很难改变，对于一个强势的权力掌控者来说，下放手中的权力需要极大的勇气和魄力。虽然刘强东已经意识到授权给其他管理者的必要性，但巨大的惯性让他无法停止对各项决策的掌控，他需要一个环境，帮助他强行脱离对权力的欲望。

为此，刘强东于2013年离开京东，远赴美国哥伦比亚大学深造，将此前牢牢掌握在手中的财权、人事权和业务权授权给高管。去美国

第 五 章　　金 子 和 铁 锈

前，刘强东要求公司不出涉及生命安全、重大伤残、火灾等类似的重大事故就不要联系他，所有的事情由其他管理者自行想办法解决。为使京东的管理层彻底摆脱对自己的依赖，刘强东还换了手机号，只保留了邮件这唯一的联系途径。

刘强东放权后，管理层直面风雨、迅速成长，凭借团队间高效的分工、合作，出色地完成了他去美国上学前布置的任务，如对京东员工进行重新梳理、调整组织结构、再造流程等，使京东内部的管控体系走向成熟。

这次经历让刘强东对授权的重要性有了更加深刻的认识，回国后，他的管理风格由粗暴、强势向冷静、收敛转变。通过充分授权，基层的自主权得到充分发挥，从过去的听到"炮声"等指挥转变为听到"炮声"去指挥。一字之差，结果大相径庭。

杨海峰来京东之前，在一家出版社工作了7年，尽管能力突出，却只能做一些事务性工作，始终没有升职机会。从出版社离开后，他加入京东，成为图书营销部的经理，充分利用过去积累的行业经验，提升了部门业绩。

在京东，杨海峰感受到在之前的工作中不曾获得的信任，只要最终结果是好的，过程中有任何需要，上级都会全力配合。对于杨海峰来说，尽管现在的工作很辛苦，但是劳累体现在肉体，精神上却非常轻松愉悦。

短短四年，杨海峰就成为京东图书音像事业部的总经理，这种火箭般的升职速度过去他从不敢想象，但在京东这样公平公正的环境里成为现实。

让听得见炮声的人掌握指挥权是京东管理的精髓。京东信任员工，员工以努力回报公司的信任，这种良性循环营造了简单、高效的生态。员工不用将精力消耗在复杂的人际关系上，而是集中投入业务，使价值得到最大化释放。

当然，放权并非意味放下责任，把指挥权交给一线员工，只是让他们在承担责任的同时掌握一定的权力，但是责任与权力之间要掌握平衡，权力大于责任容易导致欲望膨胀、贪腐滋生等问题。把本该由一线决策的事情交给一线，同时将责任落实下去，并做好监管。这样一方面能够防止他们滥用权力，另一方面也能够及时提供支持，帮助他们在"炮声"中发现战机。

让听得见炮声的人指挥，有利于保持对市场的警觉性，并能够根据市场动向随机应变、灵活作战。正是这种在发展中形成的管理智慧，让京东人持久地保持着创业激情，他们将京东视为能力提升与展示的平台，在新挑战中赢得新的胜利。

第四节
拒绝铁锈

人事权是管理一家公司最重要的权力之一，京东将员工分为金子、钢、铁、废铁、铁锈五类，对他们分别采用不同的方式进行管理。京东欢迎"金子"，将这部分员工维持在20%左右的稳定结构；重视公司的核心员工主体——"钢"，使其保持在80%左右的稳定结构；锻造"铁"，通过为这部分员工提供轮岗或培训机会炼"铁"成"钢"；放弃废铁，降低人力成本；第一时间"干掉"铁锈，避免其对公司造成恶劣影响。

⊙ 九宫格淘汰

"因为珍视，所以辨识。"这是京东人才盘点的标语。很多企业，尤其是员工数量庞大的企业都有人才盘点的习惯。例如：华为的人才盘点并非仅限于对员工进行考核，还是一种对企业发展至关重要的战略。华为通过学习力（潜力）评价表、绩效潜能矩阵、岗位匹配度矩阵、工作量分析及效能提升表等人才盘点工具对员工进行盘点，在此过程中"传递并强化企业核心价值观、匹配公司的业务需求和战略发展、提升员工的工作效率，最后梳理出员工发展体系"。❶ 又如，腾讯每年都会进行一次年度人才盘点，此外还会从业务需求出发，进行不定期人才盘点，并根据人才盘点得出的结果制定相关的组织、人才优化策略。

京东拥有数十万员工，依据长期实践得出的经验，于2016年首次上线了一套规范、智能的人才盘点系统。这一系统最初的萌芽，可以追溯到2013年的一次圆桌会议。在这次会议上，京东对公司人才进行了第一次盘点，此后人才盘点就成为京东在人才管理方面的重要组成部分。

这次人才盘点不仅归纳出京东的4S人才观，形成了由高潜人才组成的人才池，还搭建了九宫格人才选拔体系。该体系参照了美国通用

❶ 韩凤光.浅谈多元化企业的人才盘点[J].现代商业，2018（29）：55-56.

电气公司（简称GE）的九宫格模式。

在GE，任何一个新员工加入后，都会被吸纳进公司的人才培养体系。GE对人才的考核主要从增长型价值观和业绩两个维度进行，每个维度又分为超出期望值、满足期望值和需要改进三个等级。它们共同构成了GE人才考评体系的九个方格，所有员工经过考核后都会在其中找到对应的位置。由于价值观不像业绩那样能够直观显现，GE在考核员工的价值观时，往往会通过多方综合评定。上级领导会根据员工的日常行为给出评价，员工也会进行自评。如果员工对考核结果存在疑义，可以向经理反映，如果确实存在问题，将反馈至更上一级领导，由其介入评估。❶

与GE更加注重员工自测不同，京东在考核时偏向采用360°考核法，即作出评价的主体并不限于被评价者的上级主管，其他与其有接触的同事、下级，甚至客户都被囊括其中。每个季度，京东都会对所有员工进行一次360°考核，被考核者的试卷会由他的上级、平级、下级和更次一级四个级别的员工评分，其他与之有交集的员工，也可以匿名点评。

尽管这种大范围、全方位的考核会花费很多时间和精力，尤其是对于高管层级的员工而言，他们往往会花费一天时间才能完成所有的考核评价。但京东通过多年实践证明，这种考核方式为公司创造的价值远远超过了付出的成本。

京东运用360°考核法对员工进行考核主要有四方面好处。其一，不仅考核了员工的工作绩效，还考核了他们的日常表现；其二，提高

---

❶ 钱丽娜. GE选高管 价值观和业绩一个也不能少[J]. 商学院，2011（04）：39-42.

了员工的参与感，有助于培养他们的管理能力；其三，全方位考核得出的结果更为真实、客观；其四，被考核者能够获得多角度评价，从而有针对性地发挥自己的长处、弥补自己的不足。

京东在参考 GE 人才选拔模式的基础上，结合自身的实际情况，从绩效和潜力两个维度建立了自己的九宫格人才选拔体系。

在绩效上，考核内容主要分为季度绩效和半年度绩效，考核档次分为低、中、高三档。在潜力上，考核内容主要分为领导力、专业力和学习敏锐度，考核档次同样为低、中、高三档。

经过全面考核，京东的人才被分门别类地归纳至九宫格相应的位置。具体而言，第一格为未达到职务要求的绩效水平，能力有限的问题员工；第二格为在此前的工作中表现出一定潜力，但当前绩效较差的差距员工；第三格为达到职务要求的绩效水平，但潜力有限的基本胜任员工；第四格为潜力较大，但绩效较差的待发展员工；第五格为既达到职务要求的绩效水平，又有一定发展潜力的中坚力量；第六格为现任职务绩效突出，但潜力有所欠缺的熟练员工；第七格为绩效一般，但潜力突出的潜力之星；第八格为现任职务绩效优异，有一定发展潜力的绩效之星；第九格为绩效非常优异，潜力巨大的超级明星。❶

在京东的人才九宫格中，位于第 7、8、9 格的人才是公司重点培养的高潜人才，位于第 2、3 格的人才，京东会为他们提供调岗、培训机会，帮助他们提高绩效和潜能，至于处在最末一格的员工，会被京东毫不留情地淘汰。这就是京东著名的九宫格淘汰原则，被写进《京东人事与组织效率铁律十四条》中，指导着京东进行人才筛选和管理。

---

❶ Hugo. 互联网+新标杆！京东22万员工人才盘点方案大曝光[EB/OL].（2020-06-18）. https://www.jianshu.com/p/d3e635cd8751.

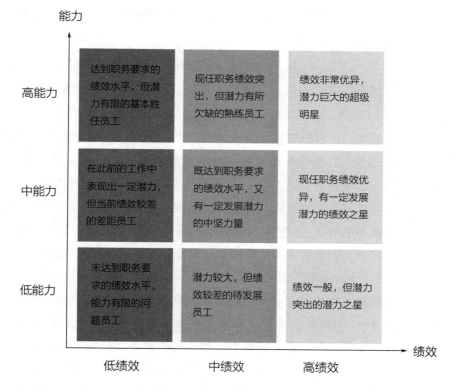

如今，开门盘点（圆桌会议）依旧是京东人才盘点的重要形式，其与闭门盘点❶共同构成京东线下盘点的两大模块，再加上线上的人才盘点系统，三大人才盘点形式助力京东快速建成人才发展快速通道和阶梯式人才培养模式。❷通过人才盘点，"金子"熠熠生辉，"铁锈"被

---

❶ 闭门盘点：由观摩人、盘点人、HR相关人员提取被盘点人的档案数据，根据被盘点人的绩效和潜力确定九宫格位置。

❷ MBA智库·资讯. 京东怎么做高效智能的人才盘点？[EB/OL].（2017-11-27）. https://news.mbalib.com/story/240424.

及时剥离出组织，在持续去伪存真中，京东的团队更加强大，支撑着公司战略的落地、发展。

⊙ 丢掉包袱

一直以来，京东都很重视人才培养。在发展中，京东形成了一套人才培养体系，并按照价值观和能力的差异，将员工分为从"金子"到"铁锈"的五种类型。按照从高到低的次序，"金子"指能力很强，价值观也与京东非常契合的员工；"钢"指比"金子"次一级，但能力和价值观都不错的员工；"铁"指价值观与京东较为契合，但能力稍弱的员工；"废铁"指价值观和能力都不行的员工；"铁锈"指能力非常强，但是与京东价值观不匹配的员工。

这五类员工中，前三者都能在京东找到位置，进而持续发展，但后两类则不然。"废铁"型员工很难得到加入京东的机会，即便应聘成功，在实习期如果不能快速转变，也不能继续留在公司工作。至于"铁锈"型员工，京东的态度非常坚决，那就是果断辞退。即便该员工所处岗位非常重要，所在团队会因短时间找不到继任者而导致业绩下滑也不姑息，因为这类员工在团队中的每一分钟，都会给公司带来难以预知的潜在风险。

经济学界有一个著名法则，即"劣币驱逐良币"。根据该法则，如果一个国家的货币市场上有实际价值不同，但法定比价不变的两种货币同时流通，那么实际价值高的货币（良币）最终一定会被实际价值低的货币（劣币）取代。❶这一法则放在管理学中同样适用。

---

❶ 赵凡. 德鲁克说管理[M]. 沈阳：辽海出版社，2017.

京东在制定管理制度时，如果不对"废铁"和"铁锈"进行严格考核，不但对"金子""钢"等类型的员工不公平，而且很容易影响原本价值观和能力都不错的员工，使他们"铁锈化"。可以说，"废铁"和"铁锈"是京东的包袱，对组织的正常运转具有极大威胁。

丢掉包袱并非京东轻易做出的决定，尤其是"包袱"中还有曾经为京东做出贡献的老员工。刘强东是一个非常重感情的人，他在写给京东员工的多封内部信中，都是以"亲爱的兄弟们"作为开头。在刘强东看来，京东之所以有如今的成就，离不开从白手起家时就与他并肩作战的"兄弟"，离不开在困境中不抛弃、不放弃的"兄弟"。

无数实践证明，人情味过重而缺乏制度规范的管理方式，必然会导致失败。刘强东上大学时曾自主创业，开了一家餐馆。他对员工很信任，福利待遇也很好：发高工资，提供环境很好的宿舍，不让他们吃客人的剩菜，允许他们每天炒两荤两素……管理环境过于宽松，反而使员工滋生了贪腐问题。最终，餐馆的经营情况在短短一年中发生了巨变——从盈利变为亏损16万元。刘强东没有"严惩"这些"问题员工"，而是放弃已经交了一年的房租，给员工发了双倍的工资作为遣散费后关停了餐馆。

一直以来，京东在决定企业命运的战略方向上没有犯过错误，从决定转战线上，到自建物流，到向全品类扩张……每一步，京东都走得很坚定。但是，当人们把目光聚焦到京东的用人细节，就会发现一些不那么明智的决策。

创立后的很长一段时间，京东在辞退员工方面都可以称得上很宽松。刘强东曾经强调，只要员工不贪污，京东就永远不会开除他。这

第五章　金子和铁锈

一方面提高了员工对贪腐问题的警惕性，另一方面，也导致员工在对待其他问题时放松了自我要求。

以绩效考核为例。过去京东很少开除员工，对于那些业绩不能满足职务要求的员工，一般会为他们提供多次轮岗机会。这个岗位不行，就调到那个岗位，那个岗位还是不行，那就再调。这样一来，对于那些"吊车尾"的员工而言，当然不存在末位淘汰的压力，久而久之，公司内部出现了一部分"半养老族"。

这与日本著名的"窗边族"有一定相似性。20世纪初期，有"经营之神"美誉的日本企业家松下幸之助创立了终身雇佣制，引得众多企业纷纷效仿，为第二次世界大战后日本经济的高速发展做出了重要贡献。但随着时代发展，终身雇佣制的弊端日益凸显，人才流动受阻、活力缺失就是其中之一。

由于员工不存在下岗风险，且在公司的工作年限被作为职位晋升的主要依据，导致有才华的年轻人没有施展空间、工作积极性下降，而一些能力不足以从事创造性工作的老员工占据着管理岗位，每天喝茶、读报、看风景，提前过上退休生活，成为日本独特的"窗边族"。

无论是"窗边族"，还是"半养老族"，他们的存在都会加重组织运转的负荷。试想，如果一个部门里其他人都在为赶项目进度加班奋战，而有个老员工却整天无所事事，到点就打卡下班，手中甚至持有公司的股权。作为对照组，正常工作的员工心里很难不产生负面情绪，进而影响整个团队的士气。毫无疑问，这类员工是京东应该果断放弃的"包袱"。

京东越向前发展，对"半养老"状态员工宽松对待的弊端就越明显。随着管理思维的转变，刘强东很快意识到，采取这种方式，不但对公司不负责，对这些老员工同样不负责。或许他们因为舍不得手中的股权等因素不想留却被动留下，在犹豫不决中混日子，不能为京东创造多少价值，同样也阻碍了自身的发展。

下定决心后，京东果断放弃了那些经过多次轮岗，却仍旧不能适应岗位需求的"半养老族"。团队轻装上阵，战斗力和凝聚力都有了显著提升。

第五节
留住人才

员工管理是企业管理最重要的内容之一，在员工管理中，留人与选人、育人、用人同样重要。为了留住人才，各企业"八仙过海，各显神通"，纷纷制定五花八门的留人机制。在诸多方式中，公平的薪酬与绩效制度在稳定人心方面作用巨大，而员工福利也是经久不衰的重要留人机制。

⊙ 公平的薪酬与绩效

京东拥有数量庞大的员工队伍，在管理上有很大压力，薪酬管理作为提高员工工作积极性的最大"武器"，在整个管理系统中占据着重要地位。

京东的薪酬体系主要分为基本薪酬、保障体系、福利关怀体系和职业发展体系四方面。❶与很多企业一样，京东推行的也是多劳多得的分配制度，员工在每月最后一个工作日收到包括基本工资、奖金津贴、其他补贴等在内的总工资。

在薪酬结构上，京东员工的年薪由12个月的月薪和年终奖构成。其中月薪由70%的基本工资、绩效、餐补、全勤奖、工龄补贴等构成；年终奖为两个月的月薪，这也意味着京东员工拥有14薪的待遇。并且，京东还在继续提高员工的薪酬水平，其官方宣布"自2021年7月1日开始到2023年7月1日，用两年时间，将员工平均年薪由14薪逐步涨至16薪"❷。

在同行中，京东的薪酬水平处于中上层级，这在配送员占大多数的情况下格外不易，很多京东配送员的年薪，甚至比重点本科院校毕业生的年薪还要高。高薪虽然是京东留住人才的重要原因之一，但更为重要的还是公平。

1965年，美国心理学家约翰·斯塔希·亚当斯提出了著名的公平理论。根据该理论，员工得到报酬后，会出于自觉或不自觉的心理，将之与其他人进行比较，如果觉得公平，就会表现出正向情绪，工作积极性也相对较高。反之，如果感觉不公，就会产生负面情绪，导致工作效率降低，甚至造成矛盾冲突。

京东以公平性作为重要原则来设计薪酬体系。以京东配送员的薪酬制度为例。众所周知，京东很早就开始自建物流，到现在已经拥有

---

❶ 胡华成. 薪酬管理与设计全案 [M]. 北京：清华大学出版社，2019.

❷ 京东黑板报. 福布斯发布2021全球最佳雇主榜：华为、腾讯和京东位列中国前三 [EB/OL]．（2021-10-14）. https://mp.weixin.qq.com/s/mBjHQqsvdzlfnS7GvJZ57A.

了全国覆盖、全球互通的物流网络。庞大的物流网络末端，是在一线辛勤奔走的二十多万配送员。这么多劳动力聚集在一家企业，加之员工大多出身农村、学历水平相对较低、家庭负担重，如果分配制度不公平，很容易引发劳资矛盾。

对此，京东给出的解决方案为：绩效考核制度透明化。配送员的工资结构一般是固定的基本工资＋计件薪酬，再有就是一些奖金、补贴等。配送员每个月到手的工资由几部分组成，奖励是多少，扣罚是多少……工资条上写得一清二楚。送一单货有多少提成，获得什么成就有什么样的奖励，犯了什么错要扣多少绩效分……所有配送员都心里有数。

京东的管理者深知公平对员工的重要性。上海张江站站长江安明在接受《创京东》作者李志刚采访时，用朴实的语言向外界展示了他的管理智慧。

江安明出身农村，于2007年加入京东，从基层配送员一路做到站长。从日常的细节中，人们能看出他对公平的重视。他和手下管理的配送员关系处得不错，但如果有哪个配送员想请他吃饭，他会坚决推辞。这是因为，如果没能在吃饭上做到绝对公平，在工作中可能会造成不必要的矛盾。平日里，员工之间有什么矛盾，他也不会偏袒哪一方，而是就事论事，按照之前大家讨论通过的制度处理。在绩效考核上，他也做到了流程的透明和公平，派送60单的员工，就是比派送50单的员工拿的工资高。

与大多数白领相比，配送员的家庭负担更重。他们每月到手的工资，既要分一部分寄给老家的父母，又要承担自身家庭的生活费用和小孩读书的费用，所以对钱看得很重，哪怕工资少发了100元也很严

第 五 章   金 子 和 铁 锈

重。京东在薪酬和绩效上的公平让他们感到踏实，也愿意付出信任，在公司数年如一日奋斗。❶

有些企业为了做到薪酬公平，为相同岗位的员工提供相同的薪酬，看似公平，却走入了绝对公平的误区。因为在实际工作中，每个员工的主观能动性不一样，且工作年限长的员工往往比新员工业务更熟练，如果提供的薪资没有分级，那么工作能力更强、业务熟练度更高的员工就会感到不公平。所以绝对公平不但没有像企业期待的那样创造更高的效益，反而消磨了员工的工作热情、降低了工作效率。

为避免"大锅饭"导致员工不能充分发挥主观能动性，企业往往通过制定绩效考核制度激励员工。京东针对不同岗位进行差异化考评和薪酬管理，促使人才在相对公平的环境里构建良好的可持续发展生态。通过公平的绩效考核，价值观正确、能力强、业绩好的员工得到更高的薪酬，其他员工为了获得高薪也会不断成长。

员工在企业工作的目的很大一部分是薪酬，而公平的薪酬与绩效制度在很大程度上能够稳定"军心"，帮助企业留住人才。反之，如果一家企业连薪酬和绩效都不能做到公平，那么这家企业的人才流动性一定很大，管理也会陷入混乱。

⊙ "挽留员工"的企业福利

一直以来，优秀的人才都是企业竞相争夺的对象，为了将人才留在企业内部，不被竞争对手"挖"走，各企业纷纷抛出吸引员工的福

---

❶ 李志刚. 创京东——刘强东亲述创业之路 [M]. 北京：中信出版社，2015.

利制度，在福利方面的支出占员工总体薪酬的比重也越来越大。

作为员工薪酬的重要组成部分，企业福利在吸引人才、留住人才、提升员工幸福度等方面发挥着积极作用。福利有法定福利和补充福利之分，像社保、加班费、法定节假日这类的福利，都属于法定福利，而其他类似于员工宿舍、住房补贴、工作餐等福利，则是企业在国家法定福利之外额外为员工提供的补充福利。大企业主要通过补充福利吸引、留住人才，并以此增加员工对企业的忠诚度和归属感。

企业福利主要有四方面作用。第一，能够使员工行为与企业战略目标保持高度一致；第二，能够吸引优秀员工、激发员工潜能、留住优秀人才；第三，能够提高员工的工作积极性、增强团队凝聚力、提高工作绩效；第四，能够让企业文化更加鲜明、具有个性，使员工间的联系更加紧密。❶

京东的福利好是出了名的，但这种认识大多基于了解到京东为包括配送员在内的全体员工缴纳了五险一金，为员工提供了高级宿舍等容易被具体感知的福利，至于更详细的内容，却不是那么清楚。

实际上，京东在员工身体安康、安居乐业、子女关怀等多方面都有福利举措，目的是切实保障员工利益，解决员工后顾之忧，让员工能够生活舒心、工作安心。

京东在为员工提供福利方面投入巨大，下面简单介绍几种京东为员工提供的福利。

其一，爱心救助基金。2010年，京东推出了"爱心救助基金"福利项目。根据该项目，凡是在京东工作五年以上（含）的员工，在工

---

❶ 王吟. 新常态下企业福利制度对员工的激励[J]. 商场现代化, 2015（26）：41-42.

作期间如果不幸罹患重病，公司将为其提供没有上限的公立医院医疗费救助支持；如果不幸完全丧失劳动能力或意外身故，公司将为其子女支付直到大学毕业期间的学习和基本生活费用。

其二，安居计划。2012年，京东推出了"安居计划"福利项目。根据该项目，京东将设立高达4.5亿元的专项基金，用来为员工提供无抵押、无担保、无利息的购房借款，帮助符合条件的员工在基金支持范围内支付家庭首套房的首付款（上限为100万）。实际上，京东为该项目投入的成本远超当初的设想，到2020年初时，通过该项目借出的购房款累计已接近7亿元。

其三，我在京东过大年。2014年，京东推出"我在京东过大年"福利项目。根据该项目，京东会为春节加班的员工提供子女团聚等福利补贴，到2020年初，该项目投入资金已超5亿元。❶

与大部分按照节令发放粽子、月饼、粮油等节礼的公司不同，京东在员工福利发放方面也采取了"弹性"制度。公司于2018年4月11日发布企业智慧福利平台——京东京喜（2019年8月28日更名为京东锦礼），员工的福利、行为激励、司龄积分、价值观积分等都能够以积分形式汇总在平台上的个人账户内。平台就像一个很大的礼品超市，员工能够用积分兑换各种喜爱的礼品。

如今90后、00后逐渐步入职场，员工的福利需求日益个性化、多样化，京东使福利管理方式由"以人力资源为中心"向"以员工为中

---

❶ IT之家. 京东曝光福利政策：身故员工子女公司养，老员工看病报销无上限 [EB/OL]. （2020-01-07）. https://baijiahao.baidu.com/s?id=1655077176149807293&wfr=spider&for=pc.

心"转变，无疑更能满足员工的需求。

京东在员工福利上做出的努力不仅收获了员工的好评，还受到了外界的赞誉，如多次跻身"全球最佳雇主500强"之列，赢得"2011年度卓越雇主中国最适宜工作的公司""2021福布斯中国·最佳雇主"等荣誉称号。

企业对人才的重要性存在共识，如何留住人才一直是企业关注的热门话题，而完善的福利体系正是吸引人才的重要渠道。

经过多年发展，京东已成功建立了一套系统、完善、具有吸引力的福利制度，为留住人才构建了福利层面的护城河。近年来，京东正将自身在福利管理方面的经验赋能行业，如上面提到的京喜平台，在服务京东内部员工的同时，还为外部企业提供员工节日福利一站式数字化解决方案，截至2021年9月，已为超过1000万的企业员工提供了相关服务。通过该平台，企业员工对企业发放福利的满意度显著提升，进而增加了对企业的认同感和忠诚度。

2021年9月16日，京东数字化员工体验发布会在线上举办。会上，京东与第一财经联合发布《2021员工福利洞察报告》，通过一系列研究数据，对员工福利的发展趋势进行了展示。根据该报告，企业对员工福利的态度已经从"普及阶段"向"关注体验提升"的新阶段过渡，大多数企业都增加了对员工节日福利的投入，其中半数以上的企业采购预算提升超过20%。❶

2017年是京东技术转型的元年，大数据、人工智能、云计算等新

---

❶ IT之家. 第一财经联合京东发布《2021员工福利洞察报告》注重体验成员工福利新趋势[EB/OL].（2021-09-17）.

第五章 金子和铁锈

技术不但为京东带来更加丰富的业务，也使员工福利得到数字化助力，变得更加多元。时代在向前发展，员工的需求也在不断变化，与之对应，企业应该与员工保持良好沟通，根据实际情况及时更新、完善福利制度，使人性化、科学化的福利待遇发挥更强大的"留金"作用。

后　记

21世纪以来，人类进入科技创新活跃度空前繁盛的时代，社会运行在科技的助推下变得高效、有序，生活的便捷程度前所未有。但在科技的"面纱"下，支撑起整个社会有序运转的关键点是社会管理的与时俱进，它为人类社会活动创造了运行的秩序。

管理史学家斯图尔特·克雷纳在《管理百年》中说，100年前的人类身处于科学管理的奴役之下，此后人类开始奋力前进，创造出管理的一大成就——承认管理是一种基本的人类活动，它不仅是一门科学，也是一门艺术。❶

人类社会需要管理秩序，商业世界亦如此。企业要保持正常运转状态，需要依靠管理来实现组织与人员调动等事项。管理机制的缺失，会让企业陷入混乱无序的状态。纵观商界的优秀企业家，他们往往能在面对商业世界的未知时，不断输出新的观念与管理方式，敢于对组织架构与工作方式进行变革，引领企业在混沌中走出一条明晰的道路。

过去十年，我国的电商行业一直处于高速增长的状态，2021年，受社会经济整体消费低迷等因素影响，电商行业的增速明显减缓，开

---

❶ [英] 斯图尔特·克雷纳. 管理百年[M]. 闫佳，译. 北京：中国人民大学出版社，2015.

始步入调整期。但是，京东扛住了外部环境变化带来的压力，在全社会线上零售领域跑出了惊喜的成绩。

这背后，一是得益于京东多年沉淀的具备穿越经济周期的核心能力，即在复杂场景中打磨历练，直至成为国内领先的以供应链为基础的技术与服务企业；二是得益于京东强大的管理机制，让规模庞大的组织灵活运转，将优秀的战略贯彻落地，以最低的成本换得最高的效率。

多年来，考拉看看头部企业研究中心致力于研究国内外头部企业的成功经验，京东也是我们的重要观察对象。成立以来，京东不断在电商、物流等方面刷新行业纪录，成为商业世界中的重要一极。但是，市场上与京东管理相关的书籍却寥寥无几。在此契机下，我们决定集中、全面、系统地研究京东的管理方式，创作出这部《京东管理法》。

在研究过程中，我们发现京东的管理围绕"以人为本"的重点展开，其核心为管人，即如何选人、用人、育人、留人，如何制定管理制度、开发能力展示平台，如何最大程度赋能员工、激发员工的工作热情……人的主观能动性与潜能具有无法估量的价值，在不确定的市场环境中，只有汇集了强大的人才队伍，才拥有应对变化的核心能力。

刘强东曾多次谈及："作为一家高速增长的公司，外界常常觉得我们会因为发展速度而'疲于奔命'。但实际上，如果问我京东运营体系中哪里最让我'疲于奔命'，一刻也不敢放松，那就是培养团队。如果有一天京东失败了，那么不是市场的原因，不是京东对手的原因，也不是投资人的原因，一定是我们的团队出了问题。"❶

---

❶ 鲁克德. 京东人力资源管理纲要 [M]. 北京：华文出版社，2019.

因此，本书也围绕"以人为本"的管理重点，对京东进行了这一管理逻辑的剖析。读者可以在本书中看到京东管理的蜕变：从"头狼效应"到"蜂群效应"，从"草根初创"到"精英治理"，从传统的科层式组织到开创先河的积木型组织……其中，我们不仅能详尽看见京东的人才培养体系与观念，还能看见京东为激发员工价值设置的高效机制和平台。更重要的是，抛开制度等外力的驱动，近40万京东人如何在潜移默化下，将企业文化融入自身的DNA，时刻践行诚信、客户为先、拼搏等核心价值观，助力京东成为一家伟大且值得信赖的企业。

京东的管理方式，印证了斯图尔特·克雷纳所说的话——凡是成功的企业领导者，他们都懂得任何组织都要依赖人来完成奇妙的事情，这超越了使命的召唤。❶

一种杰出的管理方式，可以优化整个产业与社会。京东通过对人的管理实现了企业的降本增效，在专业领域中极大提升了社会运行效率。我们致谢像京东一样的企业，它们深刻改变了我们的生活，为社会发展带来更多的可能性。

为了更客观、全面、系统地阐述《京东管理法》，我们在创作过程中查阅并参考了大量与京东相关的作品，从中得到诸多极具价值的观点与案例，在此表示真挚的谢意。我们也欢迎广大读者提出宝贵意见，与我们交流互动。

---

❶ [英] 斯图尔特·克雷纳.管理百年[M].闫佳，译.北京：中国人民大学出版社，2015.

后 记